世界探索发现系列
Shijie Tansuo

Shijie Yichan Dajilu

世界遗产大记录

主编：崔钟雷

北方联合出版传媒（集团）股份有限公司
万卷出版公司

世界遗产大记录
Shijie yichan da jilu

世界探索发现系列
Shijie Tansuo Faxian Xilie

前 言

　　探索,是人类在未知道路上的求解;发现,是人类在迷雾中触摸到的新知。当历史和未来变得扑朔迷离,人类在探索的道路上不断成长;当曾经的奥秘变成真理,人类在发现中看到新的希望。包罗万象的人类世界有着自己的绚丽和神奇:浩瀚飘渺的宇宙空间,让人类既迷惑又神往;骇人听闻的外星人事件,让人类相信外星智慧生命的存在并努力寻找;纷繁复杂的历史疑云,总是成为人类认识和了解过去的绊脚石。纵然探索的道路上荆棘丛生,但人类在创新和实践中坚定了信念,并从未停止过发现的脚步。

　　转眼间,人类已经进入文化科技发展更为迅猛的 21 世纪,历史的疑团还没有解开,未来的生活又将带给我们更多的迷惘。作为 21 世纪的新新人类,只有用知识武装自己的头脑,不断丰富自己的阅历,才能增加自己思考判断的能力,在快节奏的现代生活中占据主动。

　　有鉴于此,我们精心编排了这套文

化大餐——"世界探索发现"系列丛书，希望能为您的课外生活增添新的乐趣。这套丛书，涉及天文、地理、历史、文化、科技、军事、名人以及海盗等诸多领域，涵盖悬疑、未解、探秘、追踪等多种形式，带您探索自然界的神奇奥妙，倾听扣人心弦的传奇故事，挖掘历史背后鲜为人知的秘密。让您在读书的过程中不单单是在接受知识的灌溉，同时还有身临其境的快意和启迪人生的灵感。

本套丛书坚持传承经典的图书风格，以清晰严密的结构、精细独特的选材、通俗平实的文字和细腻精美的图片，为中国青少年儿童构建一座知识交流的平台。揭开历史的面纱，打开知识的问号，是我们对读者的承诺。我们希望这套丛书不仅是您扩展阅读的途径，更能成为您成长道路上的良师益友。现在，就让我们整理好思绪，背起行囊，共同踏上探索发现的道路！

编　者

目录 · CONTENTS >>>

目录 · CONTENTS >>>

Shijie Yichan Dajilu

世界遗产大记录

1

世界遗产概述

Shijieyichangaishu

世界文化遗产评选机构与入选标准
SHIJIE TANSUO FAXIAN XILIE

世界文化遗产属于世界遗产范畴,它的全称是"世界文化和自然遗产"。1972年,联合国教科文组织在巴黎通过了《保护世界文化和自然遗产公约》,并建立了联合国教科文组织世界遗产委员会,委员会的宗旨在于加强各国和各国人民之间的合作,进而保护和重建全人类共同的文化遗产。

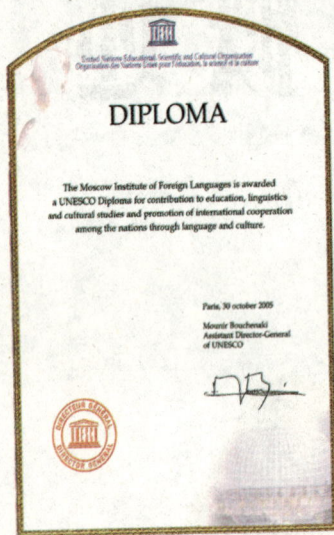

宗旨

联合国教科文组织的宗旨是促进教育、科学及文化方面的国际合作,以利于各国人民之间的相互了解,维护世界和平。

介 绍

一、联合国教科文组织及其主要任务

联合国教科文组织世界遗产委员会是政府间合作组织,由21个成员国组成。委员会每年召开一次会议,会议的内容主要是决定哪些遗产可以录入《世界遗产名录》,并对已列入《世界遗产名录》的世界遗产的保护工作进行监督和指导。世界遗产委员会主席团由7名成员构成,委员会主席团每年举行两次会议。

世界遗产委员会承担的主要任务有四项:

1.在选择录入《世界遗产名录》的文化和自然遗产地区时,负有对世界遗产进行定义和解释的责任;

2.审查世界遗产保护状况报告。当名录中的遗产没有得到恰当的处理和保护时,该委员会有权让缔约国采取特别性保护措施;

3.经过与有关缔约国协商,该委员会可以做出决定,把濒危遗产列入《濒危世界遗产名录》;

4.管理世界遗产基金(即保护世界文化和自然遗产基金)。对为保护遗产而申请援助的国家给予技术和财力上的援助。

二、世界遗产的概念和种类

世界遗产公约的标志是一个正方形和圆形的组合,它代表着文化遗产与自然遗产之间相互依存的关系。中央的正方形代表着人类的创造，圆圈代表大自然，两者密切相连。整个外围标志呈圆形，既是全世界的象征，也是要进行全面保护的象征。

世界遗产分为：自然遗产、文化遗产、自然遗产与文化遗产混合体(即双重遗产)和文化景观以及近年才设立的非物质遗产等五类。

文化遗产：

《公约》规定，属于下列各类内容之一者，可列为文化遗产，包括文物、建筑群、遗址。其中：

文物是指从历史、艺术或科学角度看，具有突出、普遍价值的建筑物、雕刻和绘画，或者具有考古意义的成分或结构的铭文、洞穴、住区及各类文物的综合体；

建筑群是指从历史、艺术或科学角度看，由于建筑的形式、整体性及其在景观中的地位而具有突出、普遍价值的单独或相互联系的建筑群体；

遗址是指从历史、美学、人种学或人类学角度来看，具有突出、普遍价值的人造工程或人与自然的共同杰作以及考古遗址地带。

凡是提名列入《世界遗产名录》的文化遗产项目，必须符合下列一项或几项标准方可获得批准：

1.是否代表一种独特的艺术成就，一种创造性的天才杰作；

2.是否能在一定时期内或世界某一文化区域内，对建筑艺术、纪念物艺术、城镇规划或景观设计方面的发展产生重大影响；

3.是否能为一种已消逝的文明或文化传统提供一种独特的至少是特殊的见证；

4.是否可作为一种建筑、建筑群或景观的杰出范例，昭示出人类历史上的一个(或几个)重要阶段；

5.是否可作为传统的人类居住地或使用地的杰出范例，代表一种(或几种)文化，尤其在不可逆转的变化的影响下变得易于损坏；

6.是否与具有特殊普遍意义的事件有直接或实质的联系，或是否与现行传统、思想、信仰、文学艺术作品有直接或实质的联系。

世界自然及非物质遗产简介

SHIJIE TANSUO FAXIAN XILIE

在地球这颗蓝色的星球上，伫立着无数大自然造就的天然奇观。在人们的眼中，只要是那种非人工建筑所形成的自然奇景似乎都可以称作是自然遗产。经过科学家的一致评判，世界自然遗产必须要满足相应条件方可获得认证。

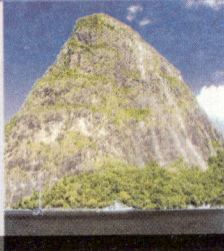

介 绍

《保护世界文化和自然遗产公约》给自然遗产所下的定义是指符合下列规定之一者（即分别从三个角度来总结自然遗产）：

从美学或科学角度看，具有突出、普遍价值的由地质和生物结构或这类结构群组成的自然面貌；

从科学或保护角度看，具有突出、普遍价值的地质和自然地理结构以及明确划定的濒危动植物物种生态区；

从科学、保护或自然美角度看，具有突出、普遍价值的天然名胜或明确划定的自然地带。

列入《世界遗产名录》的自然遗产项目必须符合下列一项或几项标准才能获得批准：

1.遗产必须构成代表地球演化史中重要阶段的突出例证；

2.遗产必须构成代表进行中的重要地质过程、生物进化过程以及人类与自然环境相互关系的突出例证；

3.自然遗产必须是独特、稀有或绝妙

的自然现象、地貌或具有极其少见的自然美的地带；

　　4.自然遗产也可以是尚存的珍稀或濒危动植物物种的栖息地。

　　文化景观这一概念是1992年12月在美国圣菲召开的联合国教科文组织世界遗产委员会第16届会议时提出并纳入《世界遗产名录》中的。文化景观是指《保护世界文化和自然遗产公约》中第一条所阐释的"自然与人类的共同作品"。文化景观的选择应根据它们自身的突出、普遍的价值，还要根据文化景观明确划定的地理—文化区域的代表性及其体现此类区域的基本而具有独特文化因素的能力。文化景观通常体现持久的土地使用的现代化技术及保持或提高景观的自然价值，对文化景观的保护有助于保护生物多样性。一般来说，文化景观有以下几种类型：

　　由人类有意设计和建筑的景观。这些景观包括出于美学原因建造的园林和公园景观。景观经常（但并不总是）与宗教或其他纪念性建筑物或建筑群有关联。

　　有机进化的景观。它是为了满足最初始的一种社会、经济、行政以及宗教的需要而产生的，并通过与周围自然环境的相互联系或相互适应而发展到目前的形式。有机进化的景观还包括两种类别：一是残遗物（或化石）景观，代表着一种过去某段时间内已经结束的进化过程，有的是突发的，有的是渐进的。它们之所以具有突出、普遍价值，还在于显著特点已然体现在实物上。二是持续性景观，所谓持续性景观是指在当今与传统生活方式相联系的社会中，保持一种积极的社

会作用，而且其自身进化过程仍在进行之中，同时又展示了历史上其演变发展的物证。

关联性文化景观。这类景观之所以被列入《世界遗产名录》，是因为它们以与自然因素、宗教、艺术或文化相联系为特征，而不是以文化物证为特征。目前，列入《世界遗产名录》的文化景观还不多，庐山风景名胜区是我国"世界遗产"中唯一的文化景观。此外，列入《世界遗产名录》的古迹遗址、自然景观如果受到严重的毁坏和威胁，经过世界遗产委员会调查和审议，可列入《濒危世界遗产名录》，以待采取紧急抢救措施。

非物质文化遗产指来自某一文化社区的全部创作，这些创作以传统为依据、由某一群体或某一些个体所表达并被社会认为是符合社区期望的作为其文化和社会特性的表达形式、准则和价值，并通过模仿或其他方式口头相传。它的形式包括：语言、文学、音乐、舞蹈、游戏、神话、礼仪、习惯、手工艺、建筑及其他艺术。我国的昆曲和古琴已经作为非物质文化遗产被列入《世界遗产名录》。

世界探索发现系列

Shijie Yichan Dajilu

世界遗产大记录

2

非洲

Feizhou

开罗老城

开罗老城是在埃及尼罗河三角洲顶端南部成长起来的一座古老的城市，有『千塔之城』之称。1979年联合国教科文组织将开罗老城作为文化遗产列入《世界遗产名录》。

介 绍

穆罕默德·阿里清真寺位于开罗老城萨拉丁堡内，建于1830年。

开罗是非洲最大的城市，坐落在尼罗河三角洲顶端的南部。在开罗城里耸立着一千多座清真寺，所以开罗又被称为"千塔之城"。

公元645年，埃及人在开罗修建了阿麦尔·印本阿斯大清真寺宣礼塔，这是伊斯兰教史上第一座清真寺宣礼塔。宣礼塔用来集合穆斯林信徒按时来清真寺祈祷，也是在沙漠中给驼队指明方向的标记。它自诞生以来规模不断扩大，大多数宣礼塔都结构严谨、装饰精巧、图案繁多。

在老城中心随处可见王宫、清真寺、浴场、医院等建筑。著名的艾哈德·伊本·图隆清真寺作为埃及第二大清真寺，拥有5排拱门，这些拱门都由巨大的方柱支撑，每个方柱四角还排列4根小支柱，其他三面是柱廊，每面都有两排拱门，拱门上有雕刻的图案。整个建筑物为砖砌平顶，木梁外涂灰泥，是埃及国内保存最完整的古代清真寺。

被誉为伊斯兰文化灯塔的爱资哈尔大学坐落在开罗老城的闹市区，这所大学已有一千多年的历史，是世界上最古老的大学之一。多座穿云插天的宣礼塔，经历了岁月的洗礼，千百

年来一直是爱资哈尔大学的象征。爱资哈尔清真寺建于公元 970 年，由于伊斯兰教学者常在这里宣经布道，到后来这里逐渐变成了一所宗教学校。这所大学的伊斯兰研究学院至今仍保持着在爱资哈尔清真寺里席地围坐的教学方式。爱资哈尔大学一千多年以来培养、造就了一批批研究伊斯兰文化的人才，这些学生后来活跃在亚非数十个国家，成为保护、传播和发展伊斯兰文化的中坚力量。

　　历代统治者都会在开罗城内大兴土木修建清真寺，开罗的建筑大师和艺术家设计出复杂的图案，刻在清真寺的宣礼塔、墙壁、天花板和地板上。开罗成为非洲世界里最美丽的城市。

孟菲斯及其埃及金字塔
SHIJIE TANSUO FAXIAN XILIE

金字塔墓葬群遗址位于古埃及王国首都孟菲斯的周围,主要范围是在吉萨高原上。

介 绍

据说,古埃及第三王朝之前,不管王公大臣还是平民百姓,死后都被葬入一种用泥砖砌成的长方形的坟墓中,古代埃及人把它叫做"马斯塔巴"。后来,有个聪明的年轻人叫伊姆荷太普,在给埃及法老左塞王设计陵墓时,采用了一种新的建筑方法。他用山上采下的矩形石块来取代泥制的砖,后来又不断改进陵墓的设计方案,终于设计出了一个六级的梯形金字塔——即我们今天所看到的金字塔的最初形态。随后,建金字塔的风气在第三王朝法老时期盛行一时,他生前为自己修建了 57 米高的六级梯形金字塔陵墓。到第四王朝时,法老更加放纵无度,造墓之风大兴,于是便出现了三大金字塔。第五王朝是由太阳神的祭司长建立的。因为人民的强烈反对和法老财力的不济,第五王朝建造金字塔的规模显然不如前朝了。第六王朝以后,地方势力逐渐壮大,各州州长纷纷独立,法老的中央集权名存实亡。随着国家力量的日渐衰弱,建金字塔之风也渐渐没落下去。

• 埃及法老
　　法老是古埃及王朝的最高统治者,是古埃及国王专有的称呼。

对于古埃及金字塔的具体数量,人们向来说法各异,有的说有七十多座,有的说有八十多座。埃及政府相关部门在 1993 年 1 月 3 日对外宣布:"在吉萨地区又发现一座金字塔。这是世界上最重大的考古发现,使金字塔总数增至 96 个。"官方公布的这一数字应该是准确的。古埃及人认为死是一种再生,所以像对待生一样精心设计了

拉美西斯二世 ●

　　拉美西斯二世是古埃及第十九王朝法老，其执政时期是古埃及新王国时期最后的强盛年代。

死后的寓所。

　　埃及法老是金字塔的主人。法老这个称谓的本意就是"住在大房子中的人"。金字塔不仅仅是为了解决法老们死后的住房问题，更重要是是为法老的来世做物质方面的准备。信仰来世已成为埃及宗教信仰的一个主要特征。在法老看来，死不是权力的终结，所以法老死后用香料等药物涂在身上防止尸体腐烂，然后将尸体（木乃伊）和食物及其他生活所需的物品一起放入即将"入住"的巨大的陵墓中。

　　金字塔的基座为正方形，四面为四个相等的三角形，远望就像汉字的"金"字，所以汉语将其译为"金字塔"。在王国的早期，太阳神被奉为埃及的国神，法老则被看作是"太阳神之子"。《金字塔铭文》是这样写的："天空把自己的光芒伸向你，以便你可以凌空升天。"

　　虽然历尽岁月沧桑，古埃及的金字塔和狮身人面像依然耸立在埃及吉萨市南郊的利比亚沙漠之中，这些人类智慧的结晶似乎在向人们传达一个来自远古时代的信息，这些信息让很多慕名前来参观的游人都产生一种遥远的回想：在远古时代一定存在过某种威力无边的东西，而随着时光的流逝，它渐渐地在地球上消失了。

　　金字塔和狮身人面像的建造地点在吉萨，那里一切都显得非常神圣，虽然经历了几千年的沧桑岁月，这里却依然保持着原来的风貌。吉萨的金字塔外观宏伟，位于高原之上，与开罗旧城隔着尼罗河遥遥相对。

　　专家评定，位于吉萨的大金字塔是由古埃及第四王朝法老胡夫于公元前2500年左右（时间不确定）作为法老死后的墓地命人开工建造的，第二座大金字塔和狮身人面像则是在后来的法老哈夫拉统治时期建成的。哈夫拉的儿子、后一任法老又下令建造了第三座大金字塔以及那些小金字塔。每座金字塔的东墙外都建有一个专门用于丧葬的神殿，在这里有一条倾斜的小路，一直延伸到位于尼罗河边的一个神殿门前。那些死去的法老在用船只运到尼罗河岸边后就是从这条小路走向另一个世界的。

吉萨高原的最东边是狮身人面像和与其相关的神殿。附近还有一些埋葬达官贵族的小型金字塔。靠近金字塔的尼罗河岸边还建有几个船坞，至今仍停泊着十几只早已陈旧腐朽的小木船。1954年人们将靠近大金字塔东侧的一只船从岸边移走进行维修，船被修复之后人们发现这只船有43.3米长。使用过的迹象十分明显，也许当初将法老胡夫的遗体从皇宫沿尼罗河运至大金字塔用的就是这只船。吉萨的古建筑群是一个有机的整体，这里的一切不仅神化了那些死去的法老和达官贵族，还表达了对死亡本身的崇敬。这个古建筑群的部分遗迹现在正不断地在人们面前显露出来。

大型金字塔的建造年代为公元前2650－前1750年的大约900年间，大部分金字塔位于尼罗河西岸，这是因为在古代埃及人看来，太阳西下的地方会有来世。在众多金字塔中，最著名的就是离首都开罗不远的吉萨金字塔(建于公元前2550年前后)。三座金字塔并排屹立，尤为壮观，其中规模最大的一座是胡夫法老的坟墓，又称大金字塔。大金字塔高146米，底边长230米。修建这座金字塔的石料是采自吉萨附近的石灰岩，厚1米、宽2米。石头长短各异，重量约为每块2.5吨。墓室内使用的花岗岩则是从远在1000千米外的阿斯旺运来的。在大金字塔附近，就

● **狮身人面像**
狮身人面像是智慧与勇敢的化身，日夜镇守着法老的墓地。

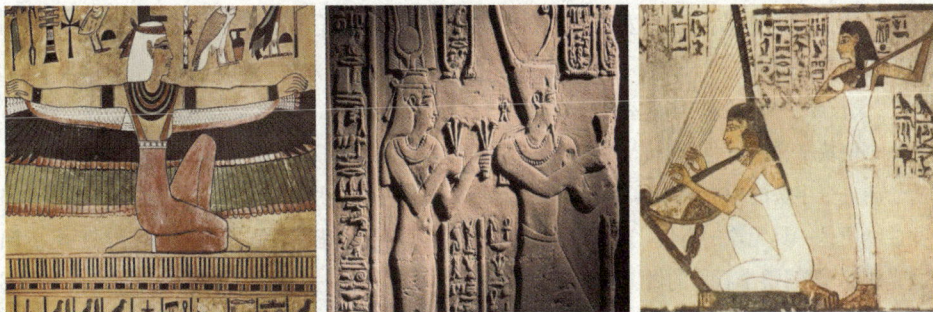

是那座世界闻名的狮身人面像。

公元前5世纪,此时距金字塔的修建已有2 000年了,古希腊著名历史学家希罗多德来到埃及。在他所作的《历史》一书中,他根据当地人的传言在书中记载了这样一句话:"金字塔是王墓。"

从古至今,金字塔内有许多财宝的说法在人们口中代代相传,但因不知入口在何处,以前还没有人能进到金字塔里面。据史书记载,最早进入大金字塔的是埃及的哈里发(伊斯兰国家政教合一领袖的称号)阿尔玛蒙,时间是公元820年。阿尔玛蒙和他的随从们采用爆破石材的办法开出一条进入金字塔的通道。在挖掘的过程中,他们无意中发现了原来的通道,从而发现了金字塔内部的一些构造。不过令人遗憾的是,当他们费尽心机走到"王室",却只看见一口空石棺,阿尔玛蒙梦寐以求的天体图和财宝等一件也没有见到。1682年,英国人约翰格里普斯对大金字塔进行了实地测量,并计算了堆垒起来的石块数量。1765年,英国人纳萨涅尔·戴维逊在金字塔里考察时发现在"王室"内说话的回声有异常,后来便发现"王室"上面还有空间,这就是现在称之为"减重室"的结构。意大利人卡维格里亚开通了竖井。随后,英国军官哈瓦德·怀斯对金字塔内部进一步进行了调查,1839年,他在"减重室"发现了有关胡夫法老(王)的古文字记录。1880年,被称为"考古学之父"的英国人弗林达斯·匹特里对大金字塔进行了测量。所测得的数据与今天人们用科学仪器测得的数值非常接近。无论在哪个时代,大金字塔中隐藏的秘密都强烈地吸引着人们去探索发现。1986年,法国建筑学家提出大金字塔内还有未知空间,引起了一场学术界的大轰动。日本早稻田大学古埃及考察队利用现代科学技术证实了这一说法。他们在1987年利用电磁波雷达技术进行了探测,结果,除发现了大金字塔内部还有其他空间外,还发现了第二艘太阳船和狮身人面像周边地下空间。

从法老胡夫的大金字塔塔北侧正面的顶部往下看,可看到供游客进出的出入口。那就是当年阿尔玛蒙打开的爆破坑。当时,由于石材阻挡,人们还不清楚入口的方位。走进阿尔玛蒙打开的隧道,不用走多久就和原有的通道合并在一起。再往前走,眼前就会出现一条向上的通道,那里有3块重约5吨的花岗岩立在路中央,阿尔玛蒙一行人只好另辟他径前进了。"上升通道"通向"大长廊"。如果朝着"水平通道"走,就可以走进被称为"王后室"的屋顶呈"人"字形的房间。早稻田大学通过先进仪器勘查,发现"水平通道"的西墙内可能还有新的通道,"大长廊"通道两侧平均每隔几步就有一个用途不明的洞。这些谜一样的洞着实令人费解。

"大长廊"一直通向"休息室",那里有个落石装置,打开这个装置,就能看到"王室"。"王室"是由一块块平滑的红色花岗岩构成的,其长约10.4米、宽约5.2米、高有5.8米。"王室"的中心位于胡夫金字塔的中央轴线的偏东约2.5米处,距离地基的高度约46米。"王室"内的唯一一件摆放物便是一具无盖的石棺。这具石棺是由以整块棕褐色的花岗石制成的。相对于"王室"内四周光滑的墙壁,整个石棺的做工就显得粗糙多了,并且石棺的一角还有残缺。这具石棺长为2.28米、宽为0.98米、高为1.05米,四周的石板厚度为0.15米,底板厚度为0.18米,让人奇怪的是,这具石棺内却是空无一物的。在国王室的南北墙壁上距离地面高约1米的地方,各有一个约21厘米×21厘米的正方形通风孔道。南侧的通风孔道有一段长约1.7米的水平通道,再斜上延伸大概52米。北侧的通风孔道有一段约2.6米的水平通道,然后再斜上延伸约57米。南通风孔道的斜度角约为44°5′;北通风孔道的斜度角约为31°,两通风孔道都通向大金字塔的外部。"王室"上方则有被称为"减重室"的5层房屋。在汇合处还能看到一条几乎与"上升通道"呈同样坡度的"下降通道"。大约走过97米的路程之后,通道变水平,并直通地下室。这个房间看起来好像还没有完工,它位于地下30米处,大概位置在金字塔顶端的正下方。除了"王室"之外,金字塔内还有"王后室",据说是"王室"是为君王死后灵魂升天而设;"王后室"也有类似通道,但并非通

吉萨金字塔群

吉萨金字塔群屹立在一望无际的黄色沙漠上,其组织形式反映着古埃及人对于后世重生的信仰。

往金字塔外,不少人认为是通往密室之路。为找出"王后室"的两条通道到底通向何方,德国科学家于 1993 年把镜头分别伸进两条通道。当镜头伸延至南面通道约 65 米处时,大家竟意外地发现了一道附有两个铜把手的石门;2002 年,另一队科学家再次把镜头伸进南面通道并在石门上钻开小洞,结果发现"门后有门",而这一壮举更是通过卫星进行了现场直播。

大金字塔内房间之谜尚未完全解开,也许还有未知的空间至今没有被人们发现。

太阳船博物馆位于大金字塔南侧。那里有 1954 年 5 月考古厅的玛尔·玛拉赫发现的最古老的大木船。在对大木船进行除沙的过程中,他无意中发现一个用石灰岩盖着的长 31 米、深 3.5 米的凹坑,里面有很多拆散了的船的构件。经历了 13 年的修复工作,人们终于得以一睹全长 43 米的太阳船全貌,船上面有法老胡夫的继承者杰多弗拉的名字。因此人们认为这艘船是杰多弗拉为其先王胡夫特意葬在地下的。在古埃及,人们深信国王死后会变成太阳神,灵魂可以乘船进入宇宙。因为太阳船分昼用和夜用两种,所以太阳船也应还有一艘。1987 年 2 月,早稻田大学考察队利用高科技手段进行调查,确认在原凹坑的西侧还有一个凹坑,那应该是第二艘太阳船的所在地。同年 10 月,美国的一个考察队把纤维式观测器插入坑内,进一步证明了船的存在。1992 年,早稻田大学考察队成功地完成了对坑内情况的摄影和各种构造零件的木片样本采集。经过对木片的分析发现,第一艘太阳船用的是黎巴嫩产的杉木,第二艘太阳船也使用了基本相同的木材。在发现第一艘太阳船之后的 40 年间,由于坑内进了水,导致灰泥剥落,使得构件未能得到

妥善保存,这些遗址有待今后尽快进行修复。

在许多人的观念中金字塔是埃及法老的墓。可是,如果进一步寻找其根源,回答往往是以下两点:第一,距今大约 2 500 年以前,希腊历史学家希罗多德根据当时埃及人的说法,写下了"金字塔是王墓"这样的句子;第二,在吉萨大金字塔等被认为是金字塔的建筑物中,有在人们看来是石棺的石箱。然而,希罗多德写下的话只是道听途说,而且在那些石箱中,还没有见到过一具木乃伊。因此,说金字塔是墓的根据都不太确切。与之相反,否定金字塔是墓的事实和材料却不在少数。以下就是几个例证:墓既然是埋葬尸体的场所,如果不在地下于理不通;在所谓的石棺里,不仅没有见到完整的木乃伊,就连绷带和木乃伊的碎片也没有看见过,这是让人无论如何也没有办法理解的;在纸莎草纸和碑文中,也没有能说明金字塔是墓的文字,这也是很让人怀疑的地方。总之,否定的意见在现在看来更加有力。另外,还有人提出,像斯涅弗尔王那样,人们为他一个人建造了几个金字塔,如果这些金字塔真的是王墓,斯涅弗尔王的尸体应该分开放才对。再有,即使在金字塔中发现有封印的石箱,开封后,里面依然没有木乃伊。因此,说金字塔是王墓的说法更显得没有依据了。那么,金字塔究竟是用来做什么的呢?研究埃及的考古学家没有回答这个问题。有学者认为,金字塔可能起到埋葬设施的作用,但要作为墓似乎根据不足。近 20 年来,一些学者一直在寻找金字塔时代各王的真墓,认为也许从那里能找到问题的答案。

事实上,有关狮身人面像何时建造的问题非常重要,一旦解决这一问题的线索中断了,那么很有可能就会有另外一种有关古埃及历史的说法被提出来。因为整个吉萨建筑群的整体风格以及各个建筑,包括专门盛放胡夫、哈夫拉和曼考里三位法老遗体的金字塔的建造时间都是以狮身人面像为前提进行推断的。一旦有关狮身人面像的结论不能成立,或吉萨建筑群中的任何一座建筑被证明是在古埃及建朝之前就已经存在了,即在埃及王朝进入兴盛时期之前已建造完毕。那么目前有关埃及历史的所有观点都将处于一种难以立足的尴尬境地。类似的发现一定会促使埃及学的研究专家们接受这样一个观点:古埃及文明发展的时间要比现在根据史料推算出的时间还要早很多。

当然,考古学家们知道狮身人面像是一座

六级梯形金字塔

六级梯形金字塔是人类历史上第一座用石块建造的巨大坟墓,古王国第三王朝法老杰塞尔死后就葬在这座金字塔下。

历史非常悠久的建筑。其中最显见的证据在狮身的石头上。大多数石头，也或许是全部，上面都镶嵌着用来防止受蚀、起保护作用的饰面。长期以来，考古学家们都觉得这一镶嵌饰面工艺的出现是在狮身人面像的建造后期，即整个狮身已经大体成形后才开始进行饰面镶嵌的。但是，到了1979－1980年，相关学者在对狮身人面像进行了一番细致的研究之后却得出了另一个颇具争议的结论。资深考古学家、美国芝加哥大学博士马克·勒纳在解释这一结论时一开始就说："我们没有在狮身人面像的狮身部位发现任何对石块加工过的痕迹，无论是使用工具还是在最初阶段的采石过程中对石块表面进行的加工。"另外，勒纳博士还补充说，狮身部位已遭受过明显的"严重的侵蚀"。他得出这样的结论："狮身人面像的主体部位在进行镶嵌饰面工艺之前就已经受到了严重的侵蚀。"接下来，勒纳博士就顺理成章地推论：开始修复狮身人面像的时间"可能"在"新王国"时期之初，这一时期大约开始于公元前1500年。只有根据这个推断，在1 000多年的时间里狮身人面像受到这样"严重的侵蚀"这一事实才能成立。勒纳博士认为更短的时间里这种情况产生的可能性几乎为零。

勒纳博士在1980年提出的这些观点不久就被其他人的新见解取代了。1992年，专门从事吉萨建筑群研究的埃及古文物研究所所长扎希·哈瓦斯博士说，在对狮身人面像右后腿研究后发现，狮身部位的石头表面最早镶嵌的饰面能够上溯到"旧王朝"时期，也就是大约公元前2700－前2160年。而金字塔是在这中间的其中一段时间修建的。哈瓦斯博士的观点说明一些有不同看法的考古专家已开始向传统的考古观点提出怀疑。因为若是哈夫拉在公元前2500年建造狮身人面像以及他自己的金字塔，并且对狮身人面像被侵蚀的主体部位进行的修复工作是在公元前2160年之前开始的，那么后来被饰面工艺掩盖的严重受蚀现象就只能是在340年间，甚至更短的时间里形成的。考虑到狮身遭受侵蚀的范围之广、程度之深，这种可能性几乎不存在。因此根据这些能够得出的一个明显的结论是：在哈夫拉开始建造自己的金字塔之前，狮身人面像就已经建成很长一段时间了，并且当时就已经被严重侵蚀了，所以以另一种可能的情况是，为狮身人面像添加石头饰面的保护层工作也许是在哈夫拉执政时期开始的。

与这一推断针锋相对的观点认为，在古埃及法老第一代王朝大约从公元前3100年开始实施集权统治以前，古埃及人并没有使用石头建造房屋的经验，而且也没有能力组织大量人员修建巨大的建筑物或纪念碑等。在权力和财力都缺乏的情况下,法老根本没能力雇佣到足够的人力或者征招到大量的奴隶来完成这项伟大的工程。然而,提出以上这一反对意见的人却没有注意到狮身人面像和金字塔两者的区别。金字塔是由众多巨大的石头修建成的,但狮身人面像不是搭建成的,它是利用坚固的岩石砌筑而成的,所以相对建造金字塔而言,修建狮身人面像要容易得多。

关于狮身人面像的建成年代,人们众说纷纭。早在21世纪初期,埃及考古学家们就已经开始争论。建造狮身人面像的地基是在地面上挖掘出来的,挖出的土在周围形成坡面,坡面上有大量的纵沟。在这座狮身人面像的表面,还有许多很深的沟壑,它们都是横行排列,一层层密布在狮身人面像的表面,使得这座古老的石雕看起来历史更加悠久并充满神秘的气息。人们基本上认为,这种奇特现象的产生,是因为古埃及地区干燥的气候与强烈的沙漠风暴使狮身人面像受到了严重风化。一直以来,不管是正统的古埃及学研究者,亦或是到此来做过实地考察的各类专家,都坚信这一观点。而且没有人对修建这一石像的真实目的提出过疑问。尤其让人惊讶的是,关于为什么会采用人头、狮身、牛尾、鹫翅这种古怪的组合方式,还无人能做出相对合理的解释。哈尔夫教授不是一个古埃及学家,对考古学也是个外行,但狮身人面像表面紧密留存的沟壑倒是引起了他浓厚的兴趣。哈尔夫教授决定亲自前往进行考察。他带了几名助手很快飞往狮身人面像所在地:埃及最著名的观光区——吉萨。那里不但有狮身人面像,而且还有驰名世界的金字塔群落。那里有大量的古埃及第三王朝鼎盛时期留下来的古代遗迹。哈尔夫教授长时间地观察这些沟壑,然后以肯定的语气说:"这些沟壑是因雨水冲刷而形成的!"作为气象地质学研究专家的哈尔夫教授对于侵蚀和风化的研究造诣很深,即便如此,他也被自己得出的这一结论惊呆了。

金字塔

金字塔是古埃及文明的典型代表,是古埃及国家的象征。

通过大量细致而严谨的考察和取样分析，哈尔夫教授最后肯定了自己的判断。他马上向世人宣布，狮身人面像上面的沟壑是由于雨水冲刷形成的，而不是像传统的考古学者们断定的那样，是风沙侵蚀形成。当哈尔夫教授的这一研究观点在当年的世界学术年刊上一发表，马上引起了众多古埃及学者的强烈不满，许多研究者对此提出异议。古埃及学者们强调：在哈夫拉王建造金字塔和狮身人面像的年代，埃及的气候是非常干燥的，不可能有如此丰富的降雨，因此也不可能有雨水侵蚀石像的情况发生。更何况，对于一个对古埃及学一窍不通的人来说，他的任何关于狮身人面像的观点都是缺少理论支持的。如果那些纵沟是由于大雨引发的洪水冲刷狮身人面像而形成的。那么，大雨又是在什么时候下的呢？按照最近的说法，应该是在1万多年以前。事实上，距今大约1万~1.1万年以前冰川期结束时，也许发生过洪水。但是，照这样计算，狮身人面像应该是在冰川期建造的。而当时在尼罗河周边地区人口稀少，那么为什么在这样的地方要建造那么大的狮身人面像呢？从文化的角度来说，这似乎无法成立。还有就是，我们并不能只凭冰川期以后的文字记载，就认为当时没下过大雨。因为记载或许会消失又或者还没能被找到，或者是根本就没有记载。甚至在有些古气象学家认为，在冰川期以后的温暖期下过大雨，而且那时，沙漠的面积没有现在这么大，甚至当时还有许多绿地。只是，究竟是什么时候出于什么目的建造的狮身人面像，到现在还没有结论。

狮身人面像的地基与哈夫拉王"河岸神殿"的地基有很大不同，它们所用的石材产地也不同，哈夫拉王的墓道有意避开狮身人面像，根据

● 七大奇迹之一

古埃及金字塔是世界上唯一现存的古代世界七大奇迹之一。

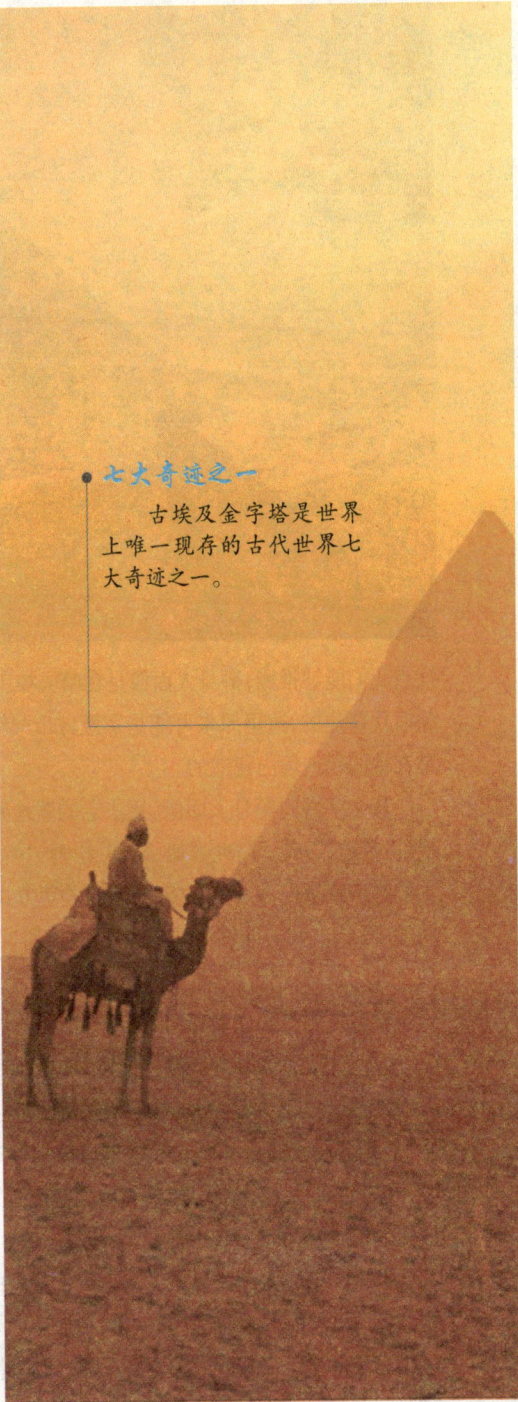

这点我们能够推测,狮身人面像是在哈夫拉王时代以前修建的。狮身人面像有可能是在第三王朝时代修建的,这里原来可能是宗教城市"赫里奥波利斯"太阳神的一个礼拜场所,狮身人面像是在他的领地境内建造的。

从金字塔到狮身人面像,从法老的墓地到雅典娜神殿……我们能够发现,在古埃及每一处遗址:墓地、石碑、雕塑、器皿、装饰、绘画……总是能够找到一种被称为"斯芬克斯"的古怪图案,它们都一致呈现为人兽合体,虽然在表达方式上可能略有不同,但是它们都是由人、狮、牛、鹫共同组成。或者我们能够将其称为"斯芬克斯现象"或"斯芬克斯文化"。这种现象或文化似乎有一种蔓延的趋势,从古至今,从内向外皆是如此。在南美落基山、在日本人世代生存的日本岛、在世界屋脊藏传佛教的许多寺庙里,还有世界上许多其他地方,我们都能找到相似的人兽合体的形象。这些形象常常作为一种带有某种神力象征的圣兽出现,它们可以拯救人类于水火之中,可以医治或者复活人类中的英雄,甚至能够直接降临人间,来拯救正一步步走向衰落的人类社会……也许,我们从这里能够得出这样的推论:这种斯芬克斯应该是人类共有的记忆,也就是说,万物同源,我们人类很久以前也拥有过对另一种精神的集体追求。这种追求深藏在我们记忆的深处,它从远古走来,也许到某一个历史与现实的交汇点上时,并在获得了足够的能量之后,它就会又一次以生命的形式突然出现于我们的眼前。或者,我们不应该还在历史的旅途中流连徘徊了,相反我们应该迈开大步,大胆地去追寻过去、现在和未来的真实。

在全世界研究金字塔的谜案中,真是一谜未解,一谜又起。关于金字塔的说法众多,猜测也愈来愈离奇,被吸引的研究者也越来越多。几十年前,忽然又出现一项所谓"新发现",即闻名欧美各国的"金字塔能"。它论述的是金字塔形的构造物,其内部会形成一种无形的、特殊的能量,所以称它为"金字塔能"。传说,金字塔形构造物内产生的这种能量有着不同的用途和奇异的功效。

科学家们的研究表明,金字塔的形状,使它储存着一种古怪的"能",这种"能"可以使尸体很快脱水,并且很快"木乃伊化",然后变成"木乃伊"的尸体,等待有朝一日的"复活"。如果把一枚满是锈迹的金属币放进金字塔,很快金币就会变得金光闪闪;若是把一杯鲜奶放进金字塔,24小时后取出,味道还会很鲜美;假设你头痛、牙痛,到金字塔去吧,一小时后,便会疼痛全消,轻松如常;如果你神经衰弱,劳累难受,也可以考虑去一趟金字塔里,不久,你就会精神焕发,充满活力。

围绕着大金字塔的谜案不可胜数,但近年来,比较热门的关于金字塔的神秘性话题,是对金字塔魔力的探索。关于金字塔魔力的发现,要上溯到20世纪初。鼓吹超自然科学的法国人安东尼·博维在1930年来到埃及,当他参观完吉萨金字塔群落后,他认为大金塔的形状非同一般,因此又为金字塔神秘论添加了新的内容。博维喜欢对"感觉辐射"的造型进行研究。这项技术的基本概念就是说物体能够辐射出某种能量,这种能量现在还不能被现代物理学所解释。当博维在进入金字塔"国王墓室"时,无意中看到一个类似于垃圾箱的罐子里竟然有猫和老鼠的尸体。当

斯芬克斯的传说

在古代神话中,斯芬克斯是巨人与蛇妖所生的怪物,它生性残暴,所以埃及法老才会仿照斯芬克斯的样子修建了狮身人面像,用以守卫自己的陵墓。

时他以为这些动物可能是在金字塔内迷路，因无法走出而死掉的。但是，他立刻又注意到另外一些奇怪的事，虽然墓室中很潮湿，可是尸体并未腐烂，这样看来，这些动物是否和木乃伊一样是干透了呢？也许墓室中真的具有能够使物质脱水的能量。

博维觉得这种现象应该是和大金字塔的几何学图形有关，因而他回国后就马上用硬纸板做了一个底边长 0.9 米的大金字塔的模型，而且把其中 4 个方位配合东西南北 4 个方向，然后把猫的尸体放在与墓室相同，距底部 1/3 高度的地方。几天之后他发现，猫的尸体果然变成了木乃伊。后来，他又用肉片及蛋等做了同样的实验，最后得到的结论是，不管放入什么都不会腐烂。然后他就发表了有关他对金字塔魔力的研究论文。

原捷克斯洛伐克的一名无线电技师，放射学专家卡尔·德鲍尔通过反复试验，研究模型内到底存在什么能量。有一次，他将一把刮胡子用的刀片放在模型内，本来认为它将变钝，可是结果大大出乎他的意料，刀片变得非常锋利，他还用这把刀片刮了 50 次胡子。于是，他又开始探讨金字塔模型对刀片的影响。他制作了一个 15 厘米高的模型，把刀片平放在模型内距底部 1/3 高的地方，刀片的两端对准南北方向，模型本身也按南北方向放置。通过几次试验，结果都大同小异。一种非常简单却又很神奇的磨刀片器——仿胡夫金字塔模型就这样诞生了。1949 年，德鲍尔正式向捷克首都布拉格相关部门申请注册"法老磨刀片器"的发明权。

　　由此,德鲍尔得出一个结论,即来自太阳的宇宙微波,能够通过聚集于塔内的地球磁场,活跃模型内的震荡波,从而令刀片"脱水"变锋利。这种特性不只是在胡夫金字塔模型中,在其他形状和大小的金字塔模型中刀片也发生了同样的变化。他在申请专利权的报告中说,磨刀片器与胡夫法老本人根本没有关系。金字塔状的结构物内部的空间发生了一种自动的更新运动。金字塔空间产生的能量只是来自宇宙和地球的引力、电场、磁场和电磁场,它利用太阳发射的混合光线中肉眼看不见的射线起作用。在金字塔内部产生的这种奇异力量,能让因为经常刮胡子而使刀口内部结构变钝的现象得到改变,然而,这股力量的作用范围只是局限在刀口变得锋利起来,而不是刀口的外形扭曲。所以,这种刀片必须是用上等的钢材制造的。一把刀片普遍只能使用25～30次,但若是每次用完后都能放在金字塔模型内24小时,那么刮胡子后的钝化现象就会消失,刀片的使用时间也会更长。

　　最近,科学家约瑟·大卫·杜维斯提出了他的见解:金字塔上的巨石是人造的。大卫·杜维斯通过显微镜和化学分析的方法,反复研究了巨石的构造。根据化验结果他总结得出这样的结论:金字塔上的石头是用石灰与贝壳经过人工浇筑混凝而成的,制造方法就像今天的人们浇灌混凝土。因为这种混合物凝固得相当好,一般的人无法分辨出它和天然石头的差别。还有一些科学家

壁画

这幅古埃及壁画记录了古埃及人在准备祭祀时辛勤劳作的场景。

陵墓装饰

壁画是古埃及陵墓装饰中不可缺少的重要组成部分。

认为，考虑到现代考古研究已经证实人类早在数千年前就了解怎样制作混凝土，所以大卫·杜维斯的观点还是可以让人信服的。但少数学者对这一点还是提出了质疑，他们认为：在开罗附近有许多花岗岩山丘，古埃及人为什么会置之不用而选择通过一种复杂的操作方法来制造那数量惊人的石头呢？看来，金字塔之谜还是不能完全被"破译"，还需要人们进一步去研究、探索。而且，还有很多数据也让人们百思不得其解：埃及胡夫大金字塔的塔高乘上10亿所得的数，恰好等于地球与太阳之间的距离；穿过大金字塔的子午线把地球上的陆地、海洋分成恰好相等的两半；用两倍的塔高除以塔底面积就恰好是圆周率。这些不可能都是巧合。所以，金字塔的秘密需要人们进一步探索和发现。

知识链接

这处非凡的墓葬群遗址坐落在古埃及王国首都的周围，包括岩石墓、石雕墓、庙宇和金字塔。

这处遗址被认为是古代世界七大奇迹之一。

——世界遗产评定委员会

古城底比斯及其墓地

SHIJIE TANSUO FAXIAN XILIE

古城底比斯坐落在埃及南部的尼罗河畔，是古埃及帝国中世纪和新王朝时代(约公元前2040－前1085年)的首都，到目前已有四五千年的悠久历史，是世界上为数不多的最古老的都城之一。

介 绍

古城底比斯的著名建筑是卡纳克神庙和卢克索神庙，它们是古埃及建筑艺术上两座闪光的艺术珍品。两庙南北对峙，相距大约2 000米。

卡纳克神庙由许多庙宇组成，是目前世上现存的神庙群中规模最大的一个，它占地面积达3.2平方千米，庙宇的主体建筑物是用来供奉底比斯主神——太阳神阿蒙的大庙。这座庙始建于

石柱林

卡纳克神庙是底比斯城的一部分，也是古埃及最大的神庙所。图为卡纳克神庙内气势恢弘的石柱林。

三千多年前的第十七王朝，在后来长达一千三百多年的时间中，经历了不断的破坏和重建。神庙包括十重巍峨的门楼，三座雄伟的大殿。庙内最雄伟壮阔、使人叹为观止的是一座密林似的柱厅，那里竖立着纵横排列的 136 根 6 人才能合抱的巨大的柱子，每根柱子高 21 米，柱顶的圆盘上传说能够站立百人。石柱和殿堂墙垣上都刻有精美逼真的浮雕以及色彩艳丽的彩绘，再现了神和人的生动故事。庙内还有举世闻名的方尖碑和众多法老后妃的塑像。

卢克索神庙是底比斯主神阿蒙的妻子穆特穆伊亚女王的庙宇，建筑形式与规模仅次于凯尔奈克神庙，但建筑仍然非常宏大壮丽。公元前 14 世纪献给阿蒙神的新神庙建成。公元初期，神庙曾经被改建成教堂。神庙由一个围有列柱廊的庭院和一个大厅与侧殿组成。大厅东面就是一个小型礼拜堂，堂内墙壁上雕刻着穆特穆伊亚女王和阿蒙太阳神象征性的婚礼和王子降生的浮雕。神庙北部入口处是雄壮威严的柱廊，共有 14 根近 16 米高的石柱。公元前 13 世纪，古埃及法老拉美西斯在神庙围墙外还新扩建了一个庭院，在庭院柱廊的柱子之间放置了法老的雕像。法老同时又修建了一个塔门，门上还雕刻着描绘当时节日盛况以及法老在叙利亚作战情景的浮雕。

尼罗河西岸群山是古埃及法老后妃和达官贵族墓葬集中的地方。这些墓穴顺着山势开凿，"国王谷"的法老墓室中有的洞穴深入地下一百多米，墓道曲折起伏，左右还有厅事、墙壁以及拱形的天花板，墙壁和天花板上都绘着彩色壁画而且配有文字。壁画内容有各种动物形状的神明肖像，还有古代耕耘、狩猎的情景和宫廷欢乐歌舞的场面。其中又以贵族塞瑙法尔墓的壁画保存最为完整。这些壁画体现了古代埃及人的生活和信仰，有非常高的历史价值。

知识链接

古城底比斯是古埃及中世纪和新王国时代的首都，也是供奉阿蒙神的城邦。凯尔奈克和卢克索的神庙与宫殿，国王陵墓谷地以及王后陵墓谷地是举世闻名的遗迹。底比斯城是古埃及高度文明的历史见证。

——世界遗产评定委员会

拉利贝拉石凿教堂

SHIJIE TANSUO FAXIAN XILIE

拉利贝拉的石凿教堂是在形成拉斯塔高原的大片红色火山石灰岩上开凿而成的，是12世纪和13世纪基督教文明在埃塞俄比亚繁荣发展的典型代表。

介绍

基督教在公元330年前后传入埃塞俄比亚的阿克苏姆王国。公元5世纪末，来自安蒂奥克的基督教僧侣开始努力传播基督教，但埃塞俄比亚的基督徒却虔诚信奉科普特教。

公元9世纪，阿克苏姆王国在伊斯兰和贝贾人入侵的压力下解体。等到拜占庭帝国逐渐衰落以后，信仰基督教的埃塞俄比亚越来越受到孤立。继阿克苏姆王国瓦解后，又发生了起义，还有政治与宗教中心的南移。到12世纪扎格王朝出现，这个王朝加强了与科普特教会的联系，并开始鼓励传教活动。

扎格维王朝的新首都坐落在拉斯塔地区一座山的旁边，它现在是位于海拔2600米处的一个小镇，是拉利贝拉的隐修中心，是用在那里开凿教堂的扎格国王的名字命名的，其含义是将它建成一个新"圣城"。

拉利贝拉有11个中世纪的教堂和小教堂，它们在一条几乎干涸了的溪流两边分为两个完全不同的群体，几乎没有高出地平面的。其中有4个是在整块石头上开凿的，其他的都要小得多，或者用半块石头凿成，或者开凿在地下，用雕刻在岩石上的立面向信徒表明它的位置。每个群体都是一个由某种围墙环绕起来的有机整体，游客在里面可沿着在石灰岩上开凿的小路和隧道网到处漫游。

独石教堂耸立在7~12米深的井状通道的中央，是在岩石上直接雕刻出来的。雕刻从顶部(穹顶、天花板、拱门和上层窗户)开始，一直蔓延到底部(地板、门和基石)。为了使这一地区夏季的滂沱大雨能通畅地排掉，人们创造出了呈缓慢倾斜状的空间平面。建筑物的突出部分，像屋顶、檐沟、飞檐、过梁和窗台的突出程度由雨水的来向而定。

开凿工程常要分几个阶段进行，这样，建筑师、工人和手工艺人能够平视工作，不用再立脚手架。还有一些人专门开凿独石，把它和周围岩石分离，其他一些人就负责将石头制作成型。碎石是从开口(如窗户和门)搬运出去的,使用的工具很简单,例如镐和杠杆,然后用小斧和凿子进行细部加工就可以完成。

拉利贝拉的教堂中最引人注目的应该是耶稣基督教堂,它长33米、宽23米、高11米,由34根方柱支撑着精雕细刻的飞檐。这是埃塞俄比亚唯一一个有5个中殿的教堂,而且16世纪葡萄牙使馆派到所罗门宫廷的神父弗朗西斯科·阿尔瓦雷斯教父曾说,以前的阿克苏姆大教堂也有5个中殿。

按照基督教的惯例,有3个门分别面向东、北和南,并且都通向教堂内部。这是根据长方形廊柱大厅式基督教堂建造的。宫殿呈东西向,隔成8间,28根支撑半圆形拱顶的支柱横向排列其间。

圣玛丽亚教堂墙上的窗户是阿克苏姆风格,里面有3个中殿,它最独特之处就在于它们从上到下都雕刻着代表几何图案(万字饰、星形和圆花饰)和动物(鸽子、凤凰、孔雀、瘤牛、大象和骆驼)的装饰性绘画以及根据福音书表现耶稣和玛丽亚生活场景的壁画,只是大部分都已经损坏了。有些专家认为这些壁画的创造年代可以上溯到扎拉·雅各布国王(1434 –1465 年)统治时期。主门之上有雕刻着一个表现两个骑手杀死一条龙的浅浮雕,因为埃塞俄比亚的圣所中能有动画雕刻是很罕见的(实际上,中东地区的基督教文化都是这样),因此这幅雕塑属珍品之列。

圣地

现如今,拉利贝拉石凿教堂仍是当地基督徒心目中的圣地。

13 世纪拉利贝拉的 11 座窑洞教堂位于埃塞俄比亚中心地带的山区。这些教堂在一个由环形住宅围绕成的传统村落附近，用 11 块中世纪的整块石料敲凿而成，风格独特。

——世界遗产评定委员会

圣迈克尔、各各他教堂和三位一体教堂组成一个教堂群，而在这当中最大的教堂圣迈克尔教堂由十字形支柱均匀地分为 3 个中殿。供奉着耶稣受难像的各各他教堂的独特之处在于，它的两个中殿的墙壁上雕刻着 7 个真人大小的系列牧师像。除了这些，它的壁龛中还有一个基督墓。

经过各各他教堂才能到达供奉圣子、圣父、圣灵的小教堂。它的布局规划呈不规则四边形，里面设 3 个独石圣坛。圣坛组成一个半圆，而且用十字架来装饰，中央有一个洞，做弥撒时，牧师用它放置"托博特"（埃塞俄比亚礼拜仪式用语，吉兹语中的"约柜"）。教堂地下室的后面，还有两个双手合十进行祈祷的神秘人物站立在一个空壁龛的两面，壁龛的上面是一个圆圈围绕着的十字架，可能代表着三位一体。

墨丘利教堂和天使长加百列与拉斐尔教堂是地下教堂，刚开始建造时并不是用于宗教目的，是后来才被圣化的。它们以前可能是王室住宅。其向前不远处，便是利巴诺斯教堂，它不但有独石教堂的特点，还有地下教堂的特色。它的四边被一个围绕在四周而内部却挖空的高高的长廊和山隔开，而它顶部是与高处的岩石块连接在一起的。埃马努埃尔教堂具备阿克苏姆古典风格的全部特点。

圣乔治教堂位于一个接近方形的竖井状通道的底部，同别的教堂分开，形状很像希腊十字架。它的地基很高，里面既没有绘画，也没有雕塑，究其原因就在于这些东西会使人们把对其和

谐而简单的线条的注意力转移到他处。天花板上，十字架的每个臂都和一个半圆拱相交，而这些半圆拱是通过矗立在中央空间的四个角的壁柱装饰出来的。尽管这个建筑的低层窗户属阿克苏姆风格，但高层窗户上却有与各各他教堂相似的带花饰的尖拱。

除了已被列入《世界遗产名录》的11个教堂外，拉利贝拉还有一些建筑成就并不十分出色的遗址，这些遗址有助于我们理解整个建筑群和它的统一性意义。这种统一性是拉利贝拉国王组织意识的体现，虽然所有的凿石工程并非全部是在他统治时期（1190－1225年）进行的。这个特殊地点的意义在于它的地形和地名：把前首都一分为二的溪流名为约旦河，而一个石制十字架代表着施洗礼者约翰为耶稣洗礼的地方。

各各他教堂的基督墓、十字架教堂、圣餐面包教堂、亚当墓还有天使长加百列与拉斐尔教堂共同被当地人叫作"彼拉多的普列托里姆"的平台，所有这些遗址都集中在一个地点，说明拉利贝拉有想要再现圣城耶路撒冷的意向。

拉穆古镇
SHIJIE TANSUO FAXIAN XILIE

作为肯尼亚最古老的居住城镇,拉穆有着多彩而绚丽的历史。这个镇是从索马里到莫桑比克这些斯瓦西里最原始的殖民地中的一个。

拉穆古镇是东非最古老、保存最完整的殖民地风情地域。这个镇用珊瑚石和红树林木木材为建材的建筑物居多,以简朴的结构为主要特色。这里也已成为伊斯兰和斯瓦西里文化的重要研究中心。

——世界遗产评定委员会

介 绍

东非海岸的昌盛和衰落,以及班图、阿拉伯、波斯、印第安和欧洲之间的彼此作用体现出这个地区历史上文化与经济的发展,而拉穆古镇是其最突出的代表。

从葡萄牙野蛮的入侵到后来17世纪的阿曼统治时期,它一直是一个繁盛的港口城市。直到20世纪初,拉穆的经济还都是以奴隶制为基础。1907年奴隶制结束以后,这个镇的经济受到巨大的冲击。直到最近,伴随着游客的增多,它的经济才获得了新生。

拉穆的重要的贸易角色及其对学者和教师的吸引力使它在这个地区具有重要的宗教功能。它将继续保持着伊斯兰和斯瓦西里文化教育中心的地位。

从教科文组织给予拉穆古镇的评价可以看出,古镇在文化、历史方面具有独特的风格。

拉穆古镇表面看上去像是一个并没有发展进步的地方,虽然经过了几百年的时间,但它的地理风貌和特征变化却不大。曲折狭窄的街道只有步行者或者是驴子才能够来往。人口基本上都是穆斯林。男人们一直都穿着长袍,女人像其他穆斯林一样用黑布把自己包裹得严严实实。在20世纪70年代初期,拉穆凭借它的异国情调、偏僻和沉默安静而名扬世界。拉穆已经成为嬉皮士和其他非英国教徒的精神中心,他们被拉穆与世隔绝的传统文化所吸引。许多人觉得拉穆的声名远播和旅游业的发达最终会破坏这个斯瓦西里殖民地独具特色的价值体系和文明。但是还有些人认为,失去了旅游业,拉穆会受到损失而变得萧条。

拉穆拥有众多值得研究的地方。拉穆古镇的建筑和城市结构形象地显示出来自于欧洲、阿拉伯半岛和印度这些地区几百年来的文化的影响,拉穆使用了传统的斯瓦西里技术创造出一种独具特色的文化。它的房屋和许多其他的建筑物都非常独特。很大部分的建筑物都能够追溯到18世纪或更早,建筑材料取自于当地,包括筑墙用的珊瑚石,支撑木门用的红树林柱子,还有雕刻精巧的百叶窗。这里的村落、拉穆堡垒、斯瓦西里住宅博物馆和驴子避难所都很有参观的价值。

在19世纪60年代至70年代,这个远离肯尼亚海岸的白色岛镇被人们称为"非洲的加德满都",是挑运工和许多陆地游客在长时间的艰苦奔波后寻找慰藉的地方。它的名气也就理所当然被人们广泛地传播开来。如今,旅游业取代了帆船制造业和农业,成为岛上的主要收入来源。可是,和其海岸线往南的比它稍微发达的邻居比较起来,拉穆仍然一直保持着从前的风格。

拉穆古镇建立的时间至少是在14世纪,也可能更早。经过几百年的时间,在肯尼亚于20世纪60年代获得独立以前,这个岛和它周围的群岛由葡萄牙人手中换到阿曼人手中,最后被英国人统治。在19世纪阿曼统治时期,这个岛处于昌盛时期,由于盛产象牙、红树林木材以及作为中东的奴隶聚集地而成为贸易中心。众多人口使这个岛成为东非海岸的斯瓦西里和阿拉伯艺术中心,也是神圣的文化中心。

现在的拉穆古镇虽小——从这头走到另一头只需要40分钟,然而,繁华时期的痕迹依然明显存在。虽然常常遭到破坏,但是许多19世纪的大官邸依然存留着;将房屋变得典雅的新雕刻门、复杂的珊瑚制品还有硬木家具在这个岛上还是能找到的。很长时期以来,拉穆的商人们漂洋过海到达波斯湾甚至远至葡萄牙,他们不仅带回了异乡的商品,还带回了异域的文化。这种异域文化又与本土文化逐步融合,最后终于形成了今天拉穆当地班图人独特的语言和生活方式。来源于波斯湾的铜制造型大门,还有独特的古老珊瑚建筑都是拉穆文化的骄傲。

肯尼亚山国家公园自然森林
SHIJIE TANSUO FAXIAN XILIE

肯尼亚山国家公园坐落在内罗毕东北 193 千米处,横跨赤道,距肯尼亚海岸 480 千米。海拔 1 600～5 199 米,总面积为 420 平方千米,包括肯尼亚山国家公园和肯尼亚山自然森林。

知识链接

肯尼亚山海拔 5 199 米,是非洲的第二高峰。它是古代的一座死火山,它在活动期(约 310 万～260 万年前)高度有可能达到 6 500 米。陡峭的冰川和森林覆盖的斜坡让肯尼亚山成了东非最引人注目的地方。

——世界遗产评定委员会

介 绍

肯尼亚山于 1949 年建立国家公园。1978 年 4 月成为联合国教科文组织人与生物圈规划的一个生态保护区,从此便得到国际公认。它在成立国家公园前就已是森林保护区了。

肯尼亚山是间歇性火山喷发形成的。整个山脉被向外伸展开去的沟谷深深切开。沟谷基本上多数是冰川侵蚀造成的,大约 96 千米宽。肯尼亚山上大概有 20 个冰斗湖,大小不一,带有各种冰碛特征,分布在海拔 3 750～4 800 米。

肯尼亚山有两个湿润季节。3－6 月是较长的湿润季节。12－2 月是短暂的干燥季节。从北到东南斜坡降雨量范围由 900 毫米一直增大到 2 300 毫米。在海拔 2 800～3 800 米的地方常年有一条降雨云带。海拔 4 500 米以上的大部分降水为降雪。雨季峰顶常常覆盖着白雪,在冰川上形成 1 米多的积雪层。年平均气温基本上是 2℃左右,3－4 月最低,7－8 月最高。白天气温温差很大,1－2 月约为 20℃,7－8 月为 12℃。肯尼亚山区空气流动非常强烈,从夜晚到清晨,风不断地从山上吹下来;从早晨到下午空气反方向上升。早晨峰顶狂风大作,太阳升起后风速才会逐渐减小。

肯尼亚山植被种类是随海拔和降雨量的变化而变化的。降雨量在 875～1 400 毫米之间,较干旱的地区和海拔比较低的地方,是非洲圆柏和罗汉松生长的地方。西南和东北较湿润地区(年降雨超过2 200毫米)内,生长的树林多数是柱子红树。大多数不在保护区内的低海拔地区都被用来种植麦子。东南斜坡海拔较高地区(2 500～3 000米,年降雨超过2 000毫米),大多生长的是青篱竹。中海拔地区(2 600～2 800米)是竹子和罗汉松混生区。海拔稍高(2 600～2 800米)或稍低(2 500～2 600米)的地区生长的是罗汉松。再向山的西面和北面伸展开去,竹子就会逐渐稀少而失去其优势地位。海拔2 000～3 500米,年降水2 400毫米的地区,是哈根属乔木生长最多的地方。海拔3 000米以上,由于气温低,树高也开始降低,金丝桃属树木占据优势。因为下层树木比较发达,所以树冠张开程度更大。绿草如茵的林间空地在山脊上能够经常见到。较低的高山或沼泽地区(3 400～3 800米)的特点是降水多、腐殖质土层厚、地形变化比较小,植物种类不那么丰富,只有禾本植物、羊茅及苔草类比较常见。丘陵草丛里生长着斗篷草、老鹳草。较高的高山区(3 800～4 500米)地形变化很大,花卉种类繁多,有巨大的莲叶植物,半边莲、千里光、飞廉属植物。在土壤排水良好的地方,还有溪流旁边及河岸处,生长着种类繁多的禾本植物。虽然5 000米以上的地区仍然能够看到维管植物,但从大约4 500米高度起,连绵的植被就没有了。

　　较低的森林和竹林区的哺乳动物有大林猪、岩狸、非洲象、黑犀牛、岛羚、黑胸麂羚还有猎豹(高山区也可见到)。沼泽地的哺乳动物有肯尼亚山特有的岩狸、麂羚,甚至还有人看到金猫。在整个北部斜坡和深达4 000米的峡谷中还生活着本地特有的瞎鼠。森林鸟类有鹰雕和长耳

罗汉松

　　罗汉松是一种适应性很强的树种,干旱地带和雨量丰沛地区它都能生存,是肯尼亚山中低海拔地区的主要树种。

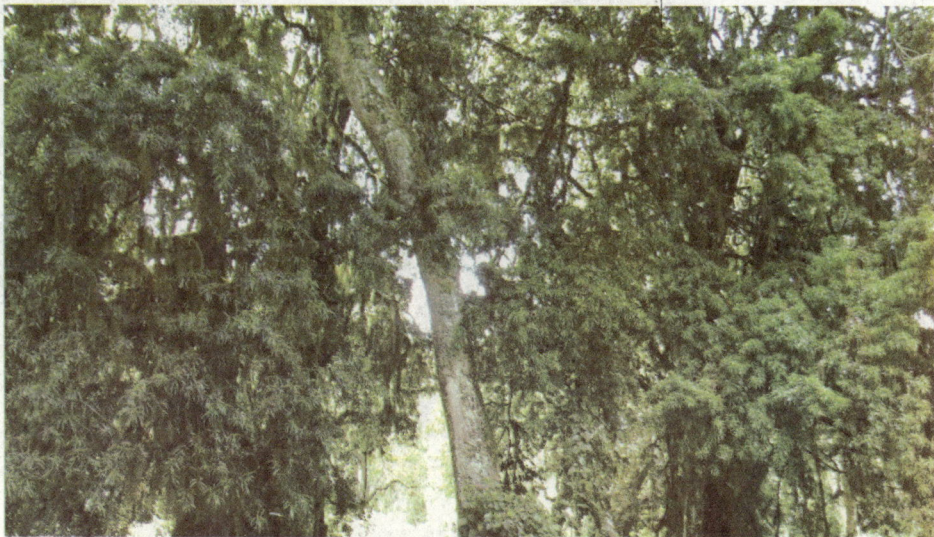

猫头鹰。

居民大都住在肯尼亚山外围地区。组织山地探险活动的是当地旅馆和一家私人探险公司，当地还有肯尼亚山地俱乐部。肯尼亚山国家公园每年大约接待 15～20 次学校团体参观。以前人们对此公园的研究主要包括肯尼亚山高山动物种类和植物学研究，现在又增加了气象学和孢粉学研究。其中大部分研究都在 3 800 米以上的地区完成，需要进行大量相对性研究。肯尼亚山为非洲第二高峰，是 700 万人赖以生存的重要水源地，森林地区生活着许多种濒危动物。终年积雪的山峰是东非景色最秀丽的地方之一。这种非洲高山生态系统拥有许多特有物种，成为了肯尼亚的主要自然旅游景点，被当地部落视为圣山。

人类对公园的影响很小，但在海拔较低的森林地带的确存在一些破坏性影响。在干燥低矮的林地，生活用火和雷电对林木存在威胁，有时会有火灾发生，火灾过后树木只能缓慢地自然恢复。森林受到的威胁和邻近地区一样，其中非法伐木、割柴、盗伐、烧炭、破坏性采蜜、定居和农业活动对森林的破坏最为严重。

非洲象

在肯尼亚山国家公园，非洲象躲开了偷猎者，它们能够在相对平衡的生态环境中繁衍生息。

介 绍

诗人们写诗来歌颂它;喜欢体育的探险者以登上它的高处为荣;尤其是当地人民,对它更是顶礼膜拜。一直到现在,它仍然有着很大的魅力,乞力马扎罗山久负盛名的美景让每一位攀过此山的人都对它称赞不已。

乞力马扎罗山面积大约为756平方千米,位于坦桑尼亚东北部,毗邻肯尼亚,在赤道与南纬3°之间,距离赤道仅300多千米,乞力马扎罗山高出非洲平原地区5 895米,这让它成为世界上最高的山峰之一。乞力马扎罗山被称为"非洲屋脊",但多数地理学家都喜欢称它为"非洲之王"。

这位"非洲之王"是一座到现在还在活动的休眠火山,基博峰顶有一个直径2 400米、深200米的火山口,火山口里面的四壁是晶莹剔透的重重冰层,火山底部矗立着高大的冰柱。冰雪覆盖的火山口,仿佛巨大的玉盆。高大的火山傲然挺立,却没有与之相伴的其他山脉。乞力马扎罗山山势高耸,但与世界上其他的高峰相比,攀登起来并不会非常困难。身体健康的登山者能够在很短的时间内穿过五个完全不同的植物带到达它的主峰。

乞力马扎罗山共有两座主峰,其中一座叫基博,另一座叫马文济,两峰之间由一个十几千米长的马鞍形的山脊连接。遥遥远望,乞力马扎罗山是一座傲然独立的高山,在无垠的东非大草原上兀然耸立,直插云霄、气势恢弘。威武的蓝灰色的山和它一片白雪皑皑的山顶一起雄伟地矗立在坦桑尼亚北部的半荒漠地区,仿佛一位豪迈英武的勇士护卫着非洲这块肥沃美丽的土地。

在斯瓦希里语中,乞力马扎罗山的含义是"闪闪发光的山",这句话形象地描绘出这座高耸的火山及其雄伟的白雪皑皑的山顶特点,

乞力马扎罗山是非洲最高的山脉,因变化多端、险象环生而成为游客探险猎奇的好去处。

乞力马扎罗国家公园
SHIJIE TANSUO FAXIAN XILIE

喻意恰如其分。乞力马扎罗山是非洲最高的山脉,人们能够透过坦桑尼亚和肯尼亚的萨王纳,在几十千米以外看到它。它的轮廓异常分明:坡度和缓的斜坡与一条长长的、扁平的山顶相向,那是一个真正的巨型火山口——是个盆状的火山峰顶。在炎热的日子里,蓝色山脊和萨王纳二者无法分辨出来,而白雪皑皑的山顶好像在空中回绕旋转,它伸展到雪线以下缥缈的云雾中,就更加深了这种旋转的幻觉。乞力马扎罗山山麓的气温有时高达59℃,而峰顶的气温又常在 −34℃左右,是一座名副其实的"赤道雪峰"。在过去的几个世纪里,乞力马扎罗山一直是一座神秘而迷人的山,因为没有人相信在赤道附近居然有这样一座覆盖着皑皑白雪的山。它在坦桑尼亚人心中无比神圣,很多部族每年都要在山脚下举行传统的祭祀活动,拜祭山神,以求平安。

乞力马扎罗山占据长 97 千米、宽 64 千米的地域,这样大的山体甚至都影响到其自身的气候(其他大山如阿拉斯加的麦金利山和喜马拉雅山的珠穆朗玛峰也有类似情况)。从印度洋吹来

冰川

乞力马扎罗山顶受冰川侵蚀作用明显,山势崎岖而陡峭。目前,乞力马扎罗山顶的部分冰盖残存下来,形成分散的冰块。

的饱含水汽的风,遇到乞力马扎罗山就会被迫抬高上升,以雨或雪的形式落下来。雨量增加就意味着与乞力马扎罗山周围半荒漠地区的灌丛完全两样的植物能够在山上生长。山坡比较低缓的地方已被开垦种植类似咖啡和玉米等类的作物,但是热带雨林高度的上界是2 987米,再往上就是草地,到4 420米以上草地就被高山地衣和苔藓代替。

山脉的顶部是乞力马扎罗长年的冰川,这是非常奇怪的,因为这座山坐落在赤道附近,但是最近有迹象表明这些冰川在后退。山顶的降水量一年仅200毫米,不能够和融化损失的水量保持平衡。有些科学家提出火山正在经历又一次的温度上升,这使融冰过程加速。但是还有一些科学家则认为,这只是全球温度升高的必然结果。

不管是什么原因引起了这样的结果,乞力马扎罗山现在的冰川比上个世纪小是事实,这是不可否认的,而且有人预言假设这种情况继续下去的话,乞力马扎罗山的雪没到2200年就会完全消失。

乞力马扎罗山其实有三座火山,由一个复杂的喷发过程将它们连接在一起。最古老的火山是希拉火山,位于主山的西面。它以前非常高,但是在一次强烈的喷发之后就倒塌了,现在只留下高3 810米的高原。稍微比希拉火山年轻的是马文济火山,它是一个奇异的山峰,位于最高峰的东坡部分。

三座火山中最年轻、最大的是基博火山,它是在多次喷发中形成的,被一个大约2 000米宽的破火山口覆盖。在不断的喷发中,破火山口内形成了一个有火山口的次级火山锥,在之后的第三次喷发过程中,又形成了一个火山渣锥。因此基博巨大的破火山口构成的扁平山顶,成了这座优美的非洲山脉的显著特征。

在基博火山的山脚下种植着成片的咖啡和香蕉,接着往上就是森林了。每年762毫米的降水量给树木的生长提供了充足的水分,山上的蕨类植物甚至能够长到6米多高,一些落叶林往往可高达9米。海拔到二千七百多米以上,树林就会逐渐减少,这里的主要植物是草类和灌木,在这里,你常常会看到大象在草地上走来走去。到海拔三千九百多米的地方,恶劣的气候使得林

火山运动

乞力马扎罗山的形成时期经历了长时间的火山爆发，因火山运动而形成的黑色沃土，滋润着东非的千里原野。

木和草类无法生长，这里生长的主要植被是地衣和苔藓。过了这些生物带就是由三座冰山和三座火山组成的主峰，威武雄壮的山峰静默无声地俯视着约五千米以下的广袤平原。

登山的时候，减速慢行是必要的，山上高处稀薄的空气会让一些缺乏耐性而又太过高估自己实力的游客丧命。高山上的环境容易引发高原病症，所以登山时一定要和当地有经验的向导同行。登山共有 6 条难度各异的路径可供选择，每条路径边上都有一些可供住宿的小屋。最好的登山时间是午夜，这时融化的雪又重新冻结，如果能控制好速度，等到达峰顶的时候恰好能够看到神奇的日出。

乞力马扎罗山壮丽的景观让人向往，可是近年来，这种巍峨的高峰却出现了山顶积雪融化、冰川消融的现象，在过去的 80 年内冰川已经萎缩了 80% 以上。有环境专家指出，如果按照现在的融化速度，乞力马扎罗雪顶很可能在 10 年内彻底融化消失，届时，乞力马扎罗山特有的 " 赤道雪山 " 奇观将与人类告别，这是谁也不愿看到的情景。

阿散蒂传统建筑
SHIJIE TANSUO FAXIAN XILIE

库马西是加纳第二大城市，而且还是阿散蒂地区首府，坐落在加纳的中南部，位于夸胡高原西南，东南离首都阿克拉、南面离海滨港口都是180千米，三者组成全国经济中心的三角地带。

介 绍

库马西于1700年开始修建，一度是古代西非地区最强大王国之一的阿散蒂王国的首都，一直以来它都是阿散蒂地区的政治、经济和文化中心，城市西北部的部分土木草结构的民居是阿散蒂古文明的最后一级，是学者们研究阿散蒂民族的政治、经济、文化、历史发展的宝贵资料。

在几座坡度不大的山丘上坐落着的是库马西市区建筑，一座座白色建筑物深隐在红花翠树丛中，而环绕四周的苍翠葱绿的森林，更为当地风光增色不少，故此地有"西非花园城市"的称号。库马西是加纳的重要文化城市，市内建筑有国家著名的文化中心，那里设有露天剧场，种类繁多的传统编制、雕刻、刺绣和精美的陶制艺术品收藏其中，另外还设有王宫和博物馆、农业研究所、现代化医院等。

阿散蒂传统建筑则在库马西的西北部，在市区大量的名胜古迹中出类拔萃。阿散蒂古文明的鼎盛时期是18世纪，当时修建了大量高官府第、民用住宅和殿堂神殿，如今保存下来的那些木草结构住宅，是19世纪初本地居民就近取材，以传统方式建成的，它们成为研究阿散蒂人类社会历史的重要材料。

这些建筑结构体现出鲜明的西非特色，许多幢住宅形成一个宽阔的长方形院落，墙面用套土坯建成，表面经过防水处理，房顶有混合的泥层，可防止日晒雨淋，可见当时建筑技术的高超。住宅中心是露天院落，院落四边带有遮顶的空地，这当中有两块空地稍微高于院落地面，是祭祀时歌手和鼓乐手使用的台子。此

知识链接

阿散蒂传统建筑处在库马西西北部，是伟大的阿散蒂文明最后留存下来的证明，该文明在18世纪达到其历史的最高点。住宅是用泥土、木材和稻草建成的，所以都已经被时光和气候的力量逐渐侵蚀破坏了。

——世界遗产评定委员会

类传统建筑造型仍被用在现在所建的圣殿和陵墓中。传统建筑的墙面上绘有许多精美的壁画，而且大部分是象征性的图案，表达的是民间格言、谚语等内容。这种象征性的绘画在非洲地区是很少见的。

　　在当地阿散蒂语中，库马西的意思是"厚树皮"。据说在 17 世纪时，阿散蒂国王奥赛·屠图为了寻找一块地方修建都城，他和王国的官员一起在一棵库姆尼尼树下进行了一场有关地方性草案的讨论。后来，人们就把讨论方案的地方叫做库马西，意为在库姆尼尼树下的讨论解决了择地问题，另外也有库姆尼尼树俗称"厚皮树"这一原因在内。19 世纪以后，英国殖民主义者还多次侵占过这座城市，附近地区到现在还残留着英国殖民军在 1897 年修筑的军事要塞，那里还有 8 个炮台，围墙上满是弹痕，使人看了有种阴森恐怖的感觉。

Shijie Yichan Dajilu

世界遗产大记录

3

美洲

Meizhou

魁北克历史遗迹区

S H I J I E T A N S U O F A X I A N X I L I E

作为魁北克省的首府,魁北克市还是加拿大境内法兰西文化的起源地。城市沿狭长的高地修建,旁边有圣劳伦斯河流过,是进入北美大陆的"门户城市",所以魁北克常被人们称为"北美直布罗陀"。

介 绍

魁北克历史遗迹区大约有一半的建筑是建于 1850 年以前的。魁北克市本来是印第安人居留地,1680 年法国人在此建立永久居留地,1832 年建市。魁北克市是加拿大的一座历史名城,市区景色秀丽,到处散发着浓厚的法国气息。虽然现在这座城市已经发展为一个有 60 万人口的大都市,但是这块占地 1.35 平方千米(占城市总面积的 5%)的历史遗迹区却被完整地保存了下来。

魁北克要塞是北美大陆上最著名的要塞,一直以来被认为是加拿大的"兵家必争之地"。19 世纪 20 年代的魁北克是加拿大的主要港口,英国军队在海角的山上建立起牢固的军营而且还在上城周围修建城墙。19 世纪 70 年代,地方长官杜弗林爵士在一项关于保持城市传统的提案中建议市政府即使城墙和要塞已经失去防御价值也不要拆毁它们。这一建议不仅确立了当地历史遗迹区的地位,也为旧魁北克创造了开发旅游业的机会。

法国人在圣劳伦斯河畔建立了最早的定居点,这个定居点靠近古易洛魁村落的遗址,在一个大海角附近。殖民点起

古建筑

魁北克历史遗迹区内的古建筑,处处体现着法兰西风格,独特的异域风情使得魁北克成为北美大陆上重要的旅游观光胜地。

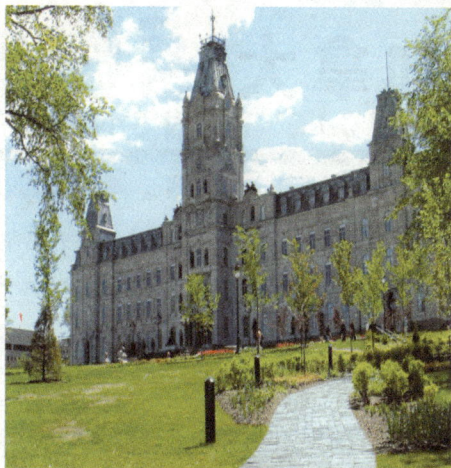

初靠着河岸发展，再以后就开始沿着海角建设。河岸或者叫下城依然是居住区和商业区，上城成为市政管理区和宗教中心。

　　魁北克城分旧城和新城两部分：旧城都由城墙包围着，新城在城墙以外。市区分为上城区、下城区和新城区。上城区处在高坡之上，周围环绕着平均高达35米的古老城墙，是北美唯一拥有城墙的城市。下城区是商业区，处在上城区东北方。这里的皇家广场有加拿大的"法国文明的摇篮"之称。广场周围有历史长达几百年的老屋，从20世纪60年代开始，这里被魁北克政府辟为历史文物保护区。

知识链接

　　前新法兰西的都城魁北克，是法国探险家查普伦在17世纪早期发现的，城的北部建立在悬崖上，那里还存留有宗教和行政中心，像巴里耶芒要塞和弗隆特纳克堡。南城和老区一起构成了整个城市，成为一个殖民地城市的典范和代表。

——世界遗产评定委员会

　　魁北克还是北美最古老的罗马天主教城市。全市教堂有50座，著名的罗马天主教圣玛丽亚大教堂就是其中之一，它有1647年建的围墙。维克图瓦尔教堂内还藏有鲁本斯的名画。建于1639年的于絮利纳修道院，是北美历史最悠久的女子学校。修道院内有1757年死守魁北克的法国主将孟康的墓园。

　　1717年开始点燃的长明灯历经两个世纪一直燃烧到现在。附近博物馆中所陈列的圣器，使人不禁想起昔日修女的生活。

加拿大落基山公园群
SHIJIE TANSUO FAXIAN XILIE

贯穿不列颠哥伦比亚与艾伯塔两省的落基山脉，其间分布着许多国家公园。皑皑白雪覆盖山峰和幽深宁静的湖泊，地球上最为著名的山脉景致基本上都集中在加拿大落基山公园群的七个系列公园中了。

介 绍

只要提到加拿大，人们就会在脑海里浮现出白雪皑皑的山峰和形状酷似城堡的饭店。每年在阿尔伯特和不列颠哥伦比亚地区的这7个保护区要接待的游客多达九百多万。落基山区以前经历过强烈的冰川作用，冰川侵蚀而形成的地貌，如角峰、冰斗、U形谷等在这里分布广泛。海拔较高的峰峦就是现代冰川。落基山地形类型很多，像冰川、瀑布、峡谷、温泉等都有分布。落基山脉山峰大多很高，这些高峰的山顶常年被积雪覆盖，在阳光下闪闪发光，非常雄伟壮观。在高度稍低的山坡上，布满了茂密的针叶林，还有松、杉、柏傲然地耸立着。山间谷地宽广，溪流清澈，山环水绕，景色非常优美。在22 990平方米的保护区里，班夫、贾斯珀、约虎和库特奈四个国家公园占了绝大部分。班夫国家公园的建立有一段插曲。加拿大在19世纪80年代时修建横贯大陆的铁路时发现了大量的温泉，于是那里成为当时加拿大第一个保护区公园，而且还因此建立了加拿大国家公园的体系。现在，这里成了著名的避暑胜地，公园里有冰峰、冰河、冰原、湖泊、高山草原和温泉。班夫国家公园内峰奇水秀的景色居北美大陆之首。贾斯珀国家公园是北美最大的公园，园内有山川、森林、冰河、湖泊。环绕在群山中的麦林湖、麦林峡谷是公园内稀有的胜地。约虎公园处于班夫公园的西面，人们巧妙地利用大溪谷、冰河、湖泊等自然景观设立公园，园内的翡翠湖平静的湖面照出巴哲斯山的倒影，塔卡考瀑布因410米的落差响彻云霄。在园内伯吉斯谢尔化石里发现了一百五十多块寒武纪中期的海产化石。

注：伯吉斯谢尔化石遗址1980年被列入《世界遗产名录》，是加拿大落基山公园群的一部分。

知识链接

首尾连接的班夫、贾斯珀、库特奈和约虎国家公园，还有罗布森山、阿西尼博因山与汉伯普罗文秀公园组成了一道美丽的高山风景线。在伯吉斯谢尔化石遗址里发现的著名的海洋软体动物的化石，也在这里被发现。

——世界遗产评定委员会

北美洲的脊骨

落基山脉是美洲科迪勒拉山系在北美的主干，由许多小山脉组成，被称为北美洲的“脊骨”。

名称由来

中文的落基山脉是由英文的“rocky”音译而来的，意为石头，这是因为这些山像石头一样光秃秃的。

奥林匹克国家公园
SHIJIE TANSUO FAXIAN XILIE

奥林匹克国家公园在美国以雨林著称，公园坐落在华盛顿州西北部奥林匹克半岛的中央地区，包括三处生态系统截然不同的山地，所以公园常常也被称作"三处合而为一的公园"。

介 绍

方圆350平方千米的奥林匹克国家公园除了冰雪封顶的奥林匹克山、山区草地、岩石林立的海岸线以外，还包括世界上少数几个温带雨林地带。温和、潮湿的空气遇到山坡抬升产生了大量降雨，茂密的温带雨林在这里快速生长；凉爽、湿润的气候让这里变得繁盛葱绿。起伏的山顶上覆盖着冰川，区内有60千米的海岸线，海岸上是一片景色壮丽的雨林风光。多种多样的生态系统还保持着远古的特色，该区95%的地方仍保持着原始的生态面貌，可谓是奥林匹克公园给人类的一份礼物。

位于公园西南部三条河谷里的雨林，风景秀丽，让人心旷神怡，是公园独具特色的亮点。这里土地肥沃、雨量充沛，适合树木生长。冷杉、云杉、铁杉、雪松和地衣以及菌藻混杂生长在一起，形成一幅典型的雨林植物图谱。地面上到处都是厚厚的青苔，巨大的羊齿植物拔地而起，还有藤蔓缠绕的枫树，都为林区增添了许多神秘气息。而且在这安静优雅的环境之中，每一个角落又都是一片苍翠，让人以为自己置身绿海之中，置身在一个绿色的天堂中。公园的东部，是冰川覆盖的山峰，其间还散布着开满斑斓野花的草原、水流湍急的溪涧与剔透晶莹的湖泊。这里有的地方漫山积雪，有的地方

知识链接

奥林匹克国家公园位于华盛顿州的西北角，奥林匹斯山（2 428 米高）高耸其中，公园由此而得名。公园内景色多变，生态系统种类繁多，有许多岩石的海边生长着大量海洋生物，美洲鹿散步其间的山谷中生长着巨大的针叶树森林。

——世界遗产评定委员会

植物资源丰富

奥林匹克国家公园内的植物资源非常丰富，植物分布因地形和生态环境的不同而形成截然不同的植被带。

掩映着苍苔。公园内几百千米的羊肠山道，为骑马和徒步者提供了探幽寻秘的场所。

奥林匹克国家公园因其丰富的生态系统而闻名，该地区被冰川隔绝了亿万年，奥林匹克半岛在这种条件下逐渐形成了自己独特的生态系统，在半岛上生长的 8 种植物和 5 种动物在其他地方已经绝迹。这里有世界上最大的针叶树。枫树合抱可达 12 米，树身长满苔藓。地上野花遍地灌木丛生，处处是厥类植物和地衣。所有的植物都在争夺着生存的空间和阳光。新生和衰落在此往复循环，新的幼苗接连不断地从腐败的树干和倒下的树木旁生长出来。公园内现有一百四十余种鸟禽，海滩上还常常留有海豹、黑熊和浣熊出没的痕迹。

生物的多样性、海边风光的壮观、茂密的雨林和险峻威武的奥林匹克山，所有的一切使奥林匹克国家公园成为一处引人入胜的天堂。

SHIJIE TANSUO FAXIAN XILIE

自由女神像

1886 年 10 月 28 日的纽约港礼炮轰鸣,烟花齐放,美国总统克利夫兰主持揭幕仪式,将闻名遐迩的自由女神雕像接到美国,并置于自由岛上。自由女神像气宇轩昂、神态勇毅,被认为是美利坚民族的标志。

介 绍

对很多美国的移民来说,自由女神成为消除旧世界贫困和压迫的保证,自由女神像从此也成了美国的象征。

自由女神像最初是法国人塑造的。1884 年 7 月 4 日它被当作法国人民赠予美国人民的礼物在法国正式送给了美国大使。然后,女神像被拆散装箱,用船运到纽约,再重新组装到贝德娄岛(现在的自由岛)上。

由美国建筑师理查德·莫里斯·亨特设计的女神像基座高 47 米。女神像本身高 46 米,所以火炬的尖端高出地面 93 米。女神像重达 229 吨,腰宽 10.6 米,嘴宽 0.91 米,擎着火炬的右臂长 12.8 米,仅仅一个食指就有 2.4 米长。女神像的脚上是象征推翻暴政的断铁镣,左手握着一本美国《独立宣言》,她头冠上象征自由的七道射线代表七大洲。女神像体内还有螺旋形阶梯能够让旅游者登上神像头部,其高度相当于一栋 12 层高的楼房。

法国政治改革是自由女神像诞生的原动力。1865 年拿破仑三世登上王位。有一位名叫埃杜阿德·迪·拉布莱的学者及他的朋友们都期待结束君主制度,建立一个新的法兰西共和国,他们策划制造一个自由女神像来表达他们对大西洋彼岸的伟大共和国的称赞,也用来激起法国人民和美国人民相互间的同情心。

地位

闻名世界的自由女神像,被认为是美国的象征,象征着美国人民争取自由的崇高理想。

来自阿尔萨斯的年轻雕塑家弗雷德里克·奥古斯梯·巴托尔蒂在拉布莱的鼓励下开始思考此项工程的设计。巴托尔蒂很久以前就希望在苏伊士运河旁建造一座高擎火炬的巨大的女神灯塔来表现亚洲出现的进步之光。他以最大的热忱筹划这项新的工程。他的自由女神像受到了画家德拉格罗伊克斯的名画《自由神指引着人们》的启示,而女神的脸取材于他自己母亲严峻的面庞和神态……女神像高大无比,加上风吹日晒,给巴托尔蒂和他的工程师(精明能干的埃菲尔铁塔的建造者亚历山大·古斯塔沃·埃菲尔)带来了很大的技术上的难题。埃菲尔设计了一个由中心支架支撑着的精巧的铁框架。只有2.4毫米厚的塑像外层包裹在这个灵活的内框架上。巴托尔蒂起初制作了一个1.2米高的小的模型塑像,后来又做了三个,每个都比前一个大,最后终于达到想象中的宏伟规模。

自由女神像基座内还设计了介绍美国移民历史的博物馆,并于1972年开馆。馆内第一部分介绍在美国居住的印第安人的先祖,讲他们从亚洲越过大西洋,来到这块荒无人烟的大陆。然后介绍了现代的大规模移民情况。通过影视播放、展示模型、摄影图片、绘画、服装等大量的材料介绍来到新大陆的每一个群体,其中还有作为奴隶被船贩来的西非人,以及19世纪大量移民来的爱尔兰人、意大利人和犹太人。爱玛·拉扎露丝从自由女神像得到灵感,写下了著名诗篇《新的巨人》,叙述金门桥畔的女神高擎火炬欢迎被旧世界抛弃的平民一拥而来的景象。

1892年以来,不断有移民船抵达自由岛旁的埃利斯岛。德国人、爱尔兰人、意大利人、斯拉夫人、犹太人说着各自的语言,到处是一片喧哗,忧虑、希望和激情混杂在一起,形成一种热烈的氛围。后来,移民站曾一度被关闭。现在正在修复之中,不久以后将成为国家纪念馆。

知识链接

自由女神像是由法国雕塑家巴托尔蒂在巴黎雕塑完成的。这个象征自由的建筑物是法国在1886年庆祝美国独立百年时赠送给美国的礼物。从那时到现在,这个高高耸立在纽约港口的自由女神已经迎来亿万移民来到美国这个自由之邦。

——世界遗产评定委员会

黄石国家公园
SHIJIE TANSUO FAXIAN XILIE

　　提起黄石国家公园，人们就会想起它独特的地热现象，这种地质景观奠定了黄石国家公园的自然景观和生态地位，这里有多于世界其他地方的间歇泉和温泉，以及黄石河大峡谷、化石森林等，这些独特之处使黄石国家公园成为世界上第一座以保护自然生态和自然景观为目的而建立的国家公园。

介 绍

　　凭借这里的文化遗迹能够判断黄石公园的文明史可以上溯到 12 000 年前。比较近的历史能够从这里的历史建筑，还有各个时期保存下来的公园管理人员以及游人使用的公用设施体现出来。公园占地 8 806 平方千米，99%的面积都还没有开发，因此许多生物种类得以繁衍，这里拥有陆地上数量最大、种类最多的哺乳动物群。

　　黄石公园处于完完全全的自然状态，是保存在美国 48 个州中罕见的大面积自然环境之一，在这里，你能够真实感受大自然的魅力。6～8 月是旅游的高峰时期，公园为了保护游人的安全、保护所有的自然文化遗产，出台了许多规章制度。公园的主体部分位于怀俄明州的西北角，有一小部分延伸到蒙大拿州西南部和爱德华州的东南部。

　　黄石公园在 1995 年被列入《濒危世界遗产名录》。使人忧虑的是，由于黄石河流域矿藏开采的影响，公园的遗址受到隐性的威胁。公园受到威胁的原因还有污水的渗漏以及废弃物的污染；非法引进的外地湖泊鲑鱼和本地黄石鲑鱼的生存竞争；道路修建与年复一年游客们的到来给公园带来的压力；为了根除兽群中普鲁氏菌病而实施的控制措施，也对野牛存在潜在威胁。美国官方指出，所有这些问题都需要受到高度重视而且要

知识链接

　　在广阔的怀俄明州自然森林区内，黄石国家公园占地 8 806 平方千米。在那里可以看到令人惊叹的地热现象，而且还有 3 000 多眼间歇泉、喷气孔和温泉。黄石国家公园设立于 1872 年，它还因为拥有灰熊、狼、野牛和麋鹿一类的野生动物而闻名世界。

　　　　　　——世界遗产评定委员会

采取相应的措施来减少损失。

　　美国总统1996年9月声称要通过一项大家都认可的关于矿藏开采的决定。国家决定斥巨资来彻底根除黄石公园所受到的潜在威胁。其他相关治理措施以及对黄石公园可能造成的威胁的报告也已上交到世界遗产委员会。目前,美国政府已采取切实措施来保护黄石国家公园。

　　依据1872年3月1日的国会法案,黄石公园"为了人民的利益被批准变成公众公园和娱乐场所",同时也是"为了使其中所有的树木、矿石的沉积物、自然奇观和风景,还有其他景物都保持现有的自然状态从而免于被"破坏"。黄石公园可以称得上是世界上最原始、最古老的国家公园。

猛犸洞穴国家公园
SHIJIE TANSUO FAXIAN XILIE

猛犸洞穴因为拥有已经探明的 560 多千米的通道和其他尚未探明的通道,成为世界上最庞大的洞穴体系。

名称

猛犸洞穴名称的由来其实和猛犸并没有什么关系,只是借用"猛犸"一词来形容洞穴规模的庞大。

介 绍

猛犸洞穴国家公园位于肯塔基州中部,这个地下洞穴是几百万年前水流经石灰岩沉积区时,溶蚀岩石形成的地下暗河通道。日积月累,水位下降后,就留下了这些狭窄的水平通道、广阔的洞室和进入这个巨大迷宫的垂直通道。最下面的通道在水流的作用下目前仍在不断扩大。水渗入洞穴形成的石钟乳、石笋和石膏晶体装饰了洞室和通道。盲鱼、无色蜘蛛等珍稀动物的存在,显示出动物对绝对黑暗和封闭环境的适应能力,经历数千年的演化后,50 种洞穴生物受到流入洞穴系统内的污水的严重威胁。猛犸洞穴这个令人难以置信的自然奇迹向人类对自然界的传统认识发出了挑战。

夏天,猛犸洞穴每天要接待 11 个不同的团队,游览时间从 1 小时 15 分到 6 小时 30 分不等,还有一个专门接待残疾人的团队。导游会带游客参观这些景点,如冰冻的尼亚加拉河、无底洞、壮观的中央大厅,还有史前的古器具和 1812 年开采硝酸盐矿留下的矿坑。洞穴旅游全年开放(圣诞节除外),夏季、节假日来的旅客需要提前预定。夏天第一支团队上午 8 点出发,最后一支团队下午 5:30 出发。在适宜的季节还有特别的夜间节目。洞穴内的温度较低,游客要适当地多穿些衣服。

地面上 21 388.7 平方米的保护林地景色优美,为野营、远足、骑自行车、垂钓和骑马等娱乐项目提供了便利。这里到处花团锦簇,已知的花卉共有九百多种,在这些花卉中有 21 种是濒危的稀有品种。猛犸洞穴国家公园也是鸟的天堂,到现在已知的鸟类有二百多种,许多鸟儿在这里筑巢繁衍。猛犸洞穴国家公园也是小动物的乐园,野鹿、负鼠、野兔、土拨鼠、麝鼠、海狸、火狐狸和山狗等动物在这里自由出没。

　　长约 48.27 千米的格林河和诺林河曲折地流过公园,为游人乘独木舟游园提供了便利。河里鱼类众多,有 5 种是世界上的特有种类,还有 3 种属于洞穴鱼类。在河边的泥沙和卵石中有七十多种的淡水贻贝,其中包括 3 种濒临灭绝的品种。园内四通八达的人行步道有 112.63 千米长。一条约 0.8 千米长的小路通向"冥河之泉",在那里您会看到流经洞穴的河水涌出地面。还有些小路是专门为残疾人修建的,乘坐轮椅可以到达世界遗产的小路起点"落日汽车旅馆",在小路边设有照明灯和有长椅的休息区。洞内的奇珍异景,神秘莫测,让人以为来到了另一个世界,洞外却是花团锦簇、莺声燕语,让您不禁心旷神怡。

　　公园内的大多数小路可以骑马通行。园内各处的小路附近散布着 12 个野营地。当然,是在两条河的泛滥平原上还是在河中的小岛上宿营都是任由游客自己选择的。

约塞米蒂国家公园
SHIJIE TANSUO FAXIAN XILIE

在约塞米蒂谷二千米长的空间内，有着情态各异，美不胜收的景致。

约塞米蒂谷是约塞米蒂国家公园的一部分，它是大自然中的奇葩，上帝似乎特别偏爱它。

介 绍

约塞米蒂谷位于加利福尼亚州的内华达山脉中部，汇集了许多壮观秀丽的自然美景。壮阔的山地风光、高大的美洲杉的树冠所构成的特殊的山谷景致，使约塞米蒂成为一处罕见的自然景点。

约塞米蒂谷可以说是由冰川筑就的，在冰川季晚期，巨大的冰床被凛冽的风刀削凿成光秃秃的山峰、陡峭的山崖和巨大的独石。平平的山谷被冰雪融水汇成的巨大湖泊占据着。

现今，山谷中满是缀满鲜花的草地，周围是激流的瀑布。地理的演化依旧夜以继日地进行着，湖泊因泥土的淤塞而上升。生物的自然进化、适者生存的道理从高大的美洲杉身上就能看出来，美洲杉非常耐火，周期性来临的火灾对于美洲杉来说，反而非常有用，因为火可以将地面上生长稠密的与幼杉争夺养分的植物清除或消灭掉，使幼杉得以成长。高低错落的自然风景有一种参差之美。这里有默塞德河以及一些瀑布，包括位于739米高处的约塞米蒂瀑布，它是世界上第三长的瀑布。景观中有许多美丽的圆丘和山峰，还有世界上最大、最宏伟的岩壁。使约塞米蒂成为美国人心中不可或缺的美景的是两个关键人物：一个叫约翰·缪尔，另一个叫安塞尔·亚当斯。其中约翰·缪尔将一生中的大部分时间都花在漫游山区，描写约塞米蒂的自然奇观之上了。

而伟大的美国摄影家安塞尔·亚当斯成功地扮演了山区荒原宣传者的角色，他拍摄了约塞米蒂及当地各个不同季节的不同基调的黑白照片。

最令人难忘的是埃尔卡皮坦岩壁，这是一个由谷底垂直向上高达1099米的花岗岩壁。约塞米蒂谷实际上只是幅员辽阔的约塞米蒂国家公园的一小部分。从1864年开始到1906年，约塞米蒂谷的地位一直在不断地上升，可见国家对其的重视程度。在公园的南入口附近，马里波萨丛林里长有巨大的红杉树，树龄有数千年。公园东侧的备受游客欢迎的图奥勒米草甸高地，有巨大的圆丘石耸立在郁郁葱葱的草甸

保护区的建立

　　1864 年，约塞米蒂谷被林肯划为自然保护区，因而约塞米蒂谷被视为现代自然保护运动的发祥地，是美国国家公园一颗耀眼明珠。

知识链接

　　位于加利福尼亚中心的以许多山谷、瀑布、内湖、冰山、冰碛闻名于世的约塞米蒂国家公园，给我们展示了稀有的因冰川作用而形成的大量的花岗岩浮雕。在约塞米蒂国家公园海拔 600～4000 米的空间中，还有许多世上稀有的植物和动物种类依然存活着。

　　　　　　　　——世界遗产评定委员会

上，草甸内湖水清澈，还未曾沾染上人类的痕迹。公园的制高点是泰奥加山隘，越过图奥勒米草甸，有一条陡峭难行的路径向下通往内华达山脉东侧的因约国家森林。公园的北部是很少有人参观的约塞米蒂高山区，它包括图奥勒米河的大峡谷和1913年建造的赫奇水库，赫奇水库孕育了一个几乎可与约塞米蒂谷媲美的谷地。

其实一直到1851年，约塞米蒂谷才为美国西部人所知晓，当时一批志愿兵正在寻找那些被派去建立印第安保留地的阿华尼契印第安人，他们在执行任务时发现了这条山谷。公园的名字来源于当地印第语"灰熊"一词。

几年之内，观光团的到来使谷地下方的景色越来越为人们所熟知，这些景色与人们今天从瓦沃纳隧道处所看到的景色同样秀美：隧道左侧是雄伟的埃尔卡皮坦岩壁；其右侧是189米高的壮观的布赖德韦尔瀑布，瀑布从卡西德勒尔岩的脊部直泻而下；瀑布旁边有似乎坚不可摧的哨兵岩，景色非常壮观。

对于来自世界各地的攀岩者来说，约塞米蒂国家公园是攀岩运动的圣地。谷地为探险者提供了各种攀岩类型：裂隙、冰穴岩壁、悬岩——攀岩者需要的任何一种攀岩方式在这里都能看到。约塞米蒂谷最壮观的攀岩是攀登者需要15天才能攀登完成的巨大谷壁和小径：如在半圆丘、哨兵岩、皇家拱门和巨大的埃尔卡皮坦岩壁（世界上最大的花岗岩壁之一）上攀登。

约塞米蒂谷成为美国20世纪50年代－20世纪60年代攀岩运动的中心，当时著名的攀岩运动员罗亚尔·罗宾斯、伊冯·依纳德和沃伦·哈丁都在这里进行了以前被认为是不可能完成的第一次攀登。新一代的攀岩运动员拥有更多的技术优势，20世纪70年代－20世纪80年代最著名的攀岩运动员都曾在约塞米蒂谷一试身手。自1890年圈定的塞拉·内华达山中部一带区域，山峰海拔600～4000米不等，主要景致都集于此处，这里有瑰丽的自然风光，三处美洲杉树林和冰川作用而成的约塞米蒂谷中的瀑布、悬崖慑人心魄，岩石奇形怪状，特异的风景给所有去过该地的人们留下深刻的印象。

历史名城墨西哥
SHIJIE TANSUO FAXIAN XILIE

> 墨西哥城和赫霍奇米尔科公园坐落于阿纳瓦克山谷中部,被高耸的火山顶峰包围。墨西哥城建于14世纪,具有重要的政治和文化功能,是阿兹特克人的国家首都和联邦地区主要城市。

介 绍

阿兹特克人于14世纪在墨西哥山谷定居,并于1325年建立了他们的首都,当时此地叫作特诺奇蒂特兰城(后来的墨西哥城)。阿兹特克人心目中的神圣城市被城墙环绕成为一个整体,人们还把运河和漂浮公园设置成网络形状使城市布局更加规整。

阿兹特克部落的繁荣时期出现在15世纪,那时帝国达到了发展的鼎盛时期,控制着伸展到墨西哥湾的贸易往来。

1519年,西班牙人考尔特和他的部队跨过关口来到山谷中寻找黄金。在这一时期,莫克特朱马二世的城市是新世界中最有地位的城市建筑。在宗教改革之后,殖民者考尔特与阿兹特克人仇视的部落合作,于1521年攻陷并洗劫了特诺奇蒂特兰城。

考尔特在特诺奇蒂特兰城取得的胜利保证了新首都墨西哥城的建设,泄湖的水直到18世纪才被排干。

墨西哥城的历史中心是邻近马约尔神庙的四边形广场佐卡罗,佐卡罗广场建在早期特诺奇蒂特兰城的城市广场的基础上,赫霍奇米尔科公园见证了阿兹特克人的湖上作业。墨西哥城按照直线坐标图规划城区,在早期的堤坝上勾画出要道的外形。西班牙人的新城市没有城墙,而是用水道环绕城市作为防御。

墨西哥城中心的殖民地建筑呈现出连贯的整体性,并且采用一种火山原料来加强其

知识链接

16世纪时,西班牙人在特诺奇蒂特兰的废墟上建成了阿兹特克首都。这个城市是今天世界上面积最大、人口最稠密的城市之一。除了五座阿兹特克庙宇之外,这里还有大教堂,以及19世纪和20世纪建造的大厦,如精美的艺术品。

——世界遗产评定委员会

防火能力,其风格从巴洛克式到新古典式风格各异。同时马约尔神庙附近的废墟也印证了特诺奇蒂特兰城不同的发展阶段。

14-19世纪,特诺奇蒂特兰城和墨西哥城对当时建筑的构思和艺术手法、空间的组织产生了决定性的影响。马约尔神庙残存着失去的文明传统。由于墨西哥城线性式规划,广场和街道布局匀称、宗教建筑富丽堂皇,堪称新世界西班牙人建筑的杰出典范,赫霍奇米尔科公园的湖上景观成为了仅存的西班牙人占领之前的文明遗迹。

世界探索发现系列

Shijie Yichan Dajilu

世界遗产大记录

4

亚　洲

Yazhou

北京故宫

SHIJIE TANSUO FAXIAN XILIE

　　故宫位于北京市中心,旧称紫禁城,是明、清两代的皇宫。故宫是中国举世无双的古代建筑杰作,也是世界现存最大、最完整的古建筑群,被誉为世界五大宫之首(北京故宫、法国凡尔赛宫、英国白金汉宫、美国白宫、俄罗斯克里姆林宫)。

介　绍

　　北京故宫始建于1406年,至1420年基本竣工,是由明成祖朱棣亲自下令修建的。故宫的设计者为蒯祥(1397－1481年,字廷瑞,苏州人),他的最初设计方案经过了多次的修改与研讨,才最终确定。为了完成这一浩大的工程,明政府征调了30万民工,耗时14年终于完成。故宫的建筑面积达15.5万平方米,占地面积为七十二万多平方米,有房屋9 999间半(现存8 700余间),主要建筑是太和殿、中和殿和保和殿,保和殿也是科举考试举行殿试的地方,殿试的第一至第三名分别称状元、榜眼、探花。

　　故宫建成后,经历了明、清两个王朝,到1911年清帝退位的约五百年间,历经了明、清两个朝代共计24位皇帝,是明清两朝最高统治核心的代名词。

　　1911年辛亥革命爆发,满清末代皇帝宣布退位,按照那时拟定的《清室优待条件》,"逊帝"爱新觉罗·溥仪被允许"暂居宫禁",即"后寝"部分。1924年,冯玉祥发动"北京政变",将溥仪逐出宫禁,同时成立"清室善后委员会",接管了故宫。于1925年

10 月 10 日他宣布故宫博物院正式成立,对外开放。1925 年以后紫禁城才被称为"故宫"。

1961 年,国务院宣布故宫为第一批"全国重点文物保护单位"。从 20 世纪五六十年代起对其进行了大规模的修整。1988 年故宫被联合国教科文组织列为"世界文化遗产"。

直到今天,在世界优秀建筑家的眼中,故宫的设计与建筑,仍是一个无与伦比的杰作。无论是它的平面布局、立体效果,还是形式上的雄伟、辉煌、庄严、和谐,都显得是那样的相得益彰、豪华壮丽。从某种意义上说,故宫完全可以代表中国悠久的文化传统,代表着五百多年前匠师们在建筑上的卓越成就。

中国传统的建筑艺术在屋顶形式的表现上是极为丰富多彩的,在故宫建筑中,不同形式的屋顶就达 10 种以上。以三大殿为例,屋顶的建筑就各尽其妙、各不相同。同时,故宫建筑屋顶还铺满着各色琉璃瓦件,主要殿顶以黄色为主,绿色用于皇子居住区的建筑,其他颜色还有蓝、紫、黑、翠以及孔雀绿、宝石蓝等,可谓色彩缤纷,晶莹剔透。此外,太和殿屋顶当中正脊的两端各有琉璃吻兽,稳重有力地吞住大脊。吻兽造型优美,是构件又是装饰物。一部分瓦件塑造出龙凤、狮子、海马等立体动物形象,象征吉祥和威严,这些构件在建筑上均起到了不可或缺的装饰作用。

紫禁城是中国五个多世纪以来的最高权力中心，它以园林景观和容纳了家具及工艺品的 9 000 个房间的庞大建筑群，成为明清时代中国文明无价的历史见证。

——世界遗产评定委员会

文化标志
故宫现已成为代表中国悠久传统文化的标志性建筑。

故宫的宫殿是沿着一条南北向中轴线排列的。三大殿、后三宫、御花园都位于这条中轴线上，并向两旁对称展开。这条中轴线不仅贯穿在紫禁城内，而且南达永定门，北到鼓楼、钟楼，贯穿了整个城市，气魄宏伟，规划严整，极为壮观。

故宫的前部宫殿设计特点尤为突出，整体建筑造型宏伟壮丽，庭院明朗开阔，象征着封建皇权至高无上。太和殿坐落在紫禁城对角线的中心，四角上各有 10 只吉祥瑞兽，生动形象，栩栩如生。

故宫的后部内廷在建筑上达到了庭院深邃，建筑紧凑的视觉效果。此外，东西六宫建筑虽整体上整齐划一，但各自却又自成体系。各有宫门宫墙，相对排列，秩序井然，再配以宫灯联对，绣榻几床，都是体现适应豪华生活需要的布置。内廷之后是宫后苑，后苑里有岁寒不凋的苍松翠柏，有秀石迭砌的玲珑假山，楼、阁、亭、榭掩映其间，幽美而恬静。

故宫是几百年前劳动人民智慧和血汗的结晶。在当时的社会生产条件下，能建造这样宏伟高大的建筑群，充分反映了中国古代劳动人民极高的智慧和创造才能。

建筑成就
故宫时刻向世人展示着六百多年前匠师们在建筑上的卓越成就。

介 绍

长城是古代中国在不同时期为抵御塞北游牧部落联盟侵袭而修筑的规模浩大的军事工程的统称。长城东西绵延上万华里，因此又被称作万里长城。现存的长城遗迹主要为始建于 14 世纪的明长城，西起嘉峪关，东至辽东虎山，全长 8 851.8 千米，平均高 6~7 米、宽 4~5 米。长城是我国古代劳动人民创造的伟大的奇迹，是中国悠久历史的见证。它与天安门、兵马俑一起被世人视为中国的象征。

春秋战国时期，各国诸侯为了防御别国入侵，修筑烽火台，并用城墙连接起来，形成最早的长城，以后历代君王几乎都加固增修。据记载，秦始皇使用了近百万劳动力修筑长城，占全国总人口的二十分之一。可当时没有任何机械，全部劳动都得靠人力，而工作环境又是崇山峻岭、峭壁深壑，十分艰难。长城东起鸭绿江，西至甘肃嘉峪关，从东向西行经 10 个省区市。长城的总长度为 8 851.8 千米，其中人工墙体长度为 6 259.6 千米，堑壕和天然形成的长度为 2 592.2 千米。

根据历史文献记载，修建长城超过 5 000 千米的有三个朝代：一是秦始皇时修筑的西起临洮，东止辽东的万里长城；二是汉朝修筑的西起今新疆，东止辽东的内外长城和烽燧亭障，全长一万三千多千米；三是明朝修筑的西起嘉峪关，东到鸭

长城是中华文明的瑰宝，是世界文化遗产之一，也是与埃及金字塔齐名的建筑，还是人类的奇迹。在遥远的两千多年前，是劳动人民以血肉之躯修筑了万里长城。长城是中国古代人民智慧的结晶，也是中华民族的象征。

长 城
SHIJIE TANSUO FAXIAN XILIE

知识链接

约公元前 220 年，一统天下的秦始皇，将修建于早些时候的一些断续的防御工事连接成一个完整的防御系统，用以抵抗来自北方的侵略。在明代（1368－1644 年），又继续加以修筑，使长城成为世界上最长的军事设施。

——世界遗产评定委员会

绿江畔的长城，全长 8 851.841 千米（2009 年修订）。若把各个时代修筑的长城总计起来，在 5 万千米以上。这些长城的遗址分布在我国今天的北京、甘肃、宁夏、陕西、山西、内蒙古、河北、新疆、天津、辽宁、黑龙江、河南、湖北、湖南和山东等十多个省、市、自治区。

长城在中国历史的长久岁月中，许多封建王朝为了巩固自己的统治，都曾经对它进行过多次修筑；我国古代千千万万劳动人民为它贡献了智慧，流尽了血汗，使它成为世界一大奇迹。不论是巨龙似的城垣，还是扼居咽喉的关隘，都体现了当时设防的战争思想，而且也标志着当时建筑技术的高度成就。因此砖的制品产量大增，砖瓦已不再是珍贵的建筑材料，所以明长城不少地方的城墙内外檐墙都以巨砖砌筑。其次，许多关隘的大门，多用青砖砌筑成大跨度的拱门，这些青砖有的已严重风化，但整个城门仍威严峙立，表现出当时砌筑拱门的高超技能。从关隘城楼上的建筑装饰来看，许多石雕砖刻的制作技术都极其复杂精细，反映了当时工匠匠心独具的艺术才华。

山西五台山
SHIJIE TANSUO FAXIAN XILIE

五台山与浙江普陀山、安徽九华山、四川峨眉山共称"中国佛教四大名山",与尼泊尔蓝毗尼花园、印度鹿野苑、菩提伽耶、拘尸那迦并称为世界五大佛教圣地,是中国佛教及旅游胜地是中国十大避暑名山之首。

介 绍

五台山位于中国山西省东北部,距省会太原市230千米。它主要由古老结晶岩构成,北部切割深峻,五峰耸立,峰顶平坦如台,故称五台。五台山是驰名中外的佛教胜地,是大智文殊师利菩萨的道场,而五台山又以建寺历史悠久和规模宏大,而居佛教四大名山之首——故有金五台之称,在日本、印度、斯里兰卡、缅甸、尼泊尔等国享有盛名。

五台山是中国佛教寺庙建筑最早的地方之一。自东汉永平(公元58－75年)年间起,历代修造的寺庙鳞次栉比,佛塔摩天,殿宇巍峨,金碧辉煌,是中国历代建筑荟萃之地。雕塑、石刻、壁画、书法遍及各寺,均具有很高的艺术价值。唐代全盛时期,五台山共有寺庙300余座,经历几次变迁后,寺庙建筑遭到破坏。台怀镇是寺庙集中分布的地方,是五台山佛事活动和经济生活的中心。五台山是当今中国唯一兼有汉地佛教和藏传佛教的佛教道场。每逢盛夏,海内外游人香客前来游览观光、烧香拜佛、络绎不绝。

在唐代,五台山见诸记载的佛寺就有七十余所,其规模都十分宏伟。当时随着佛寺的兴建和扩大,五台山的僧侣人数亦日益增多。唐德宗贞元年间,合山僧尼达万人之众。但寺院的兴旺发展引起对社会政治、经济的重大负面影响,于是唐文宗遂于会昌五年(公元854年)下诏废佛,命令拆毁庙宇,勒令僧尼还俗。据统计全国拆毁大小寺庙44 600余所,僧尼还俗260 000余人,收回土地数千万顷。五台山亦不例外,僧侣散尽,寺庙被毁。唐宣宗即位,又再兴佛教。官方规定五台山的僧数仍达"五千

知识链接

总体上说,五台山的建筑展示了一千多年来佛教建筑的发展历程及其对中国宫殿建筑的影响。五台山是一座佛教圣山,其文化景观包括53座庙宇,建于公元1世纪至20世纪早期。其中佛光寺东大殿为现存最高的唐代木构建筑,殿内所有泥塑皆按真人比例建造。
——世界遗产评定委员会

名山胜地

武则天时期是五台山在全国佛教界取得统治地位的发端，也是五台山发展成为名山圣地的开始。

僧"。实际上，加上私度和游方僧，要比"五千僧"多得多。纵观历代五台山的僧侣人数，以唐代为最多。寺庙林立，僧侣若云，这也是唐代五台山佛教圣地形成的一个标志。

唐代五台山佛教圣地形成的另一个标志，是外国佛教徒对五台山的无限景仰和竞相朝礼。唐朝经济繁荣，国势强盛，在国际上声望甚高，是亚洲各国经济文化交流的中心。随着国际交往的扩大，五台山还受到印度、日本、朝鲜和斯里兰卡等国佛教徒的景仰。朝礼五台山和到五台山求取佛经、佛法的外国僧侣很多。

2009 年 6 月 26 日，五台山被正在西班牙召开的第三十三届世界遗产委员会会议作为文化景观列入《世界遗产名录》。至此，中国已有 38 处世界遗产，其中文化遗产 27 处，自然遗产 7 处，文化和自然混合遗产 4 处。五台山成为继庐山之后的中国第二个被作为"文化景观"列入《世界遗产名录》的景点。

敦煌莫高窟

敦煌莫高窟是甘肃省敦煌市境内的莫高窟、西千佛洞的总称，是世界上现存规模最宏大、保存最完好的我国著名的四大石窟之一，也是佛教艺术宝库。

介 绍

敦煌莫高窟俗称"千佛洞"，"千"意为多。莫高窟被誉为20世纪最有价值的文化发现、"东方卢浮宫"。1961年，敦煌莫高窟被公布为第一批全国重点文物保护单位之一。1987年，它被列为世界文化遗产。坐落在河西走廊西端的敦煌，以精美的壁画和塑像闻名于世。它始建于十六国的前秦时期，历经十六国、北朝、隋、唐、五代、西夏、元等历代的兴建，形成巨大的规模，现有洞窟735个，壁画4.5万平方米，泥质彩塑2 415尊，是世界上现存规模最大、内容最丰富的佛教艺术圣地。近代发现的藏经洞，内有5万多件古代文物，由此衍生出专门研究藏经洞典籍和敦煌艺术的学科——敦煌学。

莫高窟是古建筑、雕塑、壁画三者相结合的艺术宫殿，尤以丰富多彩的壁画著称于世。敦煌壁画容量和内容之丰富，是当今世界上任何宗教石窟、寺院或宫殿都不能媲美的。环顾洞窟的四周和窟顶，到处都画着佛像、飞天、伎乐、仙女等。有佛经故事画、经变画和佛教史迹画，也有神怪画和供养人画像，还有各式各样精美的装饰图案等。莫高窟的雕塑久享盛名。这里有高达33米的坐像，也有十几厘米的小菩萨，绝大部分洞窟都保存有塑像，数量众多，堪称是一座大型雕塑馆。

莫高窟是一个九层的遮檐，也叫"北大像"，正处在崖窟的中段，与崖顶等高，巍峨壮观。其木构为土红色，檐牙高啄，外观轮廓错落有致，檐角系铃，随风作响。其间有弥勒佛坐像，高35.6米，由石胎泥塑彩绘而成，是中国国内仅次于乐山大佛和荣县大佛的第三大坐佛。莫高窟的造像除四座大佛为石胎泥塑外，其余均为木骨泥塑。塑像都为佛教的神佛人物，排列有单身像和群像等多种组合，群像一般以佛居中，两侧侍立弟子、菩萨等，少则3身，多则达11身。彩塑形式有圆塑、浮塑、影塑、善业塑等。这些塑像精巧逼真、想象力丰富、造诣极高，而且与壁画相融映衬，相得益彰。

莫高窟的壁画上，处处可见漫天飞舞的美丽飞天——敦煌市的城雕也是一个反弹琵琶的飞天仙女的形象。飞天是

侍奉佛陀和帝释天的神,能歌善舞。墙壁之上,飞天在无边无际的茫茫宇宙中飘舞,有的手捧莲蕾,直冲云霄;有的从空中俯冲下来,势若流星;有的穿过重楼高阁,宛如游龙;有的则随风漫卷,悠然自得。画家用那特有的蜿蜒曲折的长线、舒展和谐的意趣,呈现给人们一个优美而空灵的想象世界。

敦煌自古以来就是丝绸之路上的重镇,一度颇为繁华,周边石窟寺亦颇多。但由于历史上的保护不同,目前文献损失较严重。

原本莫高窟在元代以后鲜为人知,几百年里基本保持了原貌。但自藏经洞被发现后,旋即吸引来许多西方的考古学家和探险者,他们以极低廉的价格从王圆箓处获得了大量珍贵典籍和壁画,运出中国或散落民间,严重破坏了莫高窟和敦煌艺术的完整性。

1907 年,英国考古学家马尔克·奥莱尔·斯坦因在进行第二次中亚考古旅行时,沿着罗布泊南的古丝绸之路,来到了敦煌。当听说莫高窟发现了藏经洞后,他找到王圆箓,表示愿意帮助兴修道观,取得了王的信任。于是斯坦因就被允许进入藏经洞拣选文书,他最终只用了 200 两银两,便换取了 24 箱写本和 5 箱其他艺术品带走。1914 年,斯坦因再次来到莫高窟,又以 500 两银两向王圆箓购得了 570 段敦煌文献。这些藏品大都捐赠给了大英博物馆和印度的一些博物馆。大英博物馆现拥有与敦煌相关的藏品约 1.37 万件,是世界上收藏敦煌文物最多的地方,但近年来由于该馆对中国文物的保护不力甚至遭致失窃,因而受到不少指责。

1908 年,精通汉学的法国考古学家伯希和在得知莫高窟发现古代写本后,立即从迪化赶到敦煌。他在洞中拣选了三星期,最终以 600 两银两为代价,获取了 1 万多件堪称菁华的敦煌文书,后来大都入藏法国国立图书馆。

1909 年,伯希和在北京向一些学者出示了几本敦煌珍本,这立即引起学界的注意。他们向清朝学部上书,要求甘肃和敦煌地方政府马上清点藏经洞文献,并运送进京。清廷指定由甘肃布政使何彦升负责押运。但在清点前,王圆箓便已将一部分文物藏了起来，押运沿途也散失了不少，到了北京后，何彦升和他的亲友们又自己攫取了一些。于是，1900年发现的五万多件藏经洞文献，最终只剩下了8 757件入藏京师图书馆，现均存于中国国家图书馆。

对于流失在中国民间的敦煌文献，有一部分后来被收藏者转卖给了日本藏家，也有部分归南京国立中央图书馆，但更多的已难以查找。王圆箓藏匿起来的写本，除了卖给斯坦因一部分以外，其他的也都在1911年和1912年卖给了日本的探险家吉川小一郎和橘瑞超。1914年，俄罗斯佛学家奥尔登堡对已经搬空的藏经洞进行了挖掘，又获得了一万多件文物碎片，目前藏于俄罗斯科学院东方学研究所。

虽然早在20世纪初就有罗振玉、王国维、刘半农等人在北京、伦敦、巴黎等各地收集、抄录敦煌文献，但对莫高窟的真正保护却开始于1940年。1941年至1943年著名画家张大千对洞窟进行了断代、编号和壁画描摹。1943年，国民政府将莫高窟收归国有，设立敦煌艺术研究所，由

常书鸿任所长,对敦煌诸石窟进行系统性的保护、修复和研究工作。1950年,研究所改名为敦煌文物研究所,依然由常书鸿主持,到1966年以前,已加固了约400个洞窟,抢修了5座唐宋木构窟檐,并将周边10余平方公里划定为保护范围。1984年,中国政府进一步将敦煌文物研究所升格为敦煌研究院,充实了科技力量,开展治沙工程,积极利用数字化技术和其他技术来加强保护工作。

莫高窟是一座伟大的艺术宫殿,是一部形象的百科全书。它以艳丽的色彩,飞动的线条,诉说着对理想天国的热爱,我们似乎也感受到了大漠荒原上纵骑狂奔的不竭激情,或许正是这种激情,才孕育出壁画中那样张扬的想象力量!

重要地位

敦煌莫高窟艺术,通过宗教题材反映了广阔的社会现象,使人们了解到中国封建社会人民的生活面貌,为后人留下了丰富的社会生活各个方面的宝贵资料。

道士塔

关于王圆箓道士对保护敦煌文物所做出的贡献,我们后人应该有一个公正客观的评价。

越南下龙湾

SHIJIE TANSUO FAXIAN XILIE

越南下龙湾国家公园位于河内东部，占地1 553平方千米，以景色秀美多姿而远近闻名。1 600多个大大小小的岛屿如星般点缀在下龙湾内，堪称奇观。由于下龙湾中的小岛都是石灰岩的小山峰，且造型迥异，景色优美，与中国的桂林山水有异曲同工之妙，因此有"海上桂林"之称。

介绍

下龙这个词的含义是指蜿蜒入海的龙。传说这里的人们曾尝尽了外敌的侵略之苦，龙神们为了拯救他们，曾在天空上方出现，那些岛屿就是龙用来惩罚入侵者，从嘴里吐出宝石变成的。下龙湾分为三个小湾，在一碧千里的海面上，石灰岩岛屿若繁星密布，尖峰耸峙，奇石嶙峋。

下龙湾国家公园的历史并不悠久。由于越南连年的争战，很长时间以来，并没有进行文化遗产的保护。后来这项工作始于Do Manh Kyiha先生，即使是在入伍后，他也在朋友的帮助下，收集了很多相关展品。

Do Manh Kyiha还直接参与了下龙湾国家公园博物馆的创建工作。在1962年越南战争期间，他终于将他的梦想化为现实——下龙湾被正式批准为国家公园。32年后的1994年，下龙湾国家公园终于以它独特的美丽，让联合国教科文组织为之"动心"，成为世界文化遗产。

来到下龙湾国家公园，你可以在湾里乘舟欣赏岛上的秀色美景，也可以直接到岛上的石洞做一次观瞻。与此同时，你还能与船上的渔人们交谈，感受一下渔乡的风土人情。在祖母绿色的海湾中游历，细细体会着美丽的岛屿风光，真是一种此生难得的享受。

越南下龙湾国家公园的美景是靠着人们的不断维护而成为今天的样子的。修复石洞，日夜在岛上巡逻，发掘和研究古代遗址，这一切使得公园里的景观变得越来越

知识链接

下龙湾位于越南。上面的1 600个岛屿和小岛构成了一幅独特的海景。因为那里地势险峻，大部分岛屿上面杳无人烟，所以才能保持其美丽的自然风光。

——世界遗产评定委员会

美丽。令人惊讶的是,如此繁复的工作却仅是由 100 多人完成的。没有他们的辛勤工作,下龙湾国家公园绝不会像现在这样风景如画。

越南下龙湾国家公园属国家所有,海拔高度在 100~200 米。下龙湾内有大量石灰岩岩石、片岩岛以及少量土质小岛,总共有 1 600 个岛屿,这当中有 1 000 个已命名。岛上有各种各样的奇花,有些岛屿还拥有原始热带森林的风光。高度在 100~200 米之间的大型岛屿位于下龙湾的南部,其间点缀着高 5~10 米的零星小岛。下龙湾东部是一些中等大小的岛屿,岛上的斜坡近乎平直,很有特色。这些岛上还有众多的岩石、钟乳石和石笋。下龙湾内的群岛上只有土质的岛屿上有人类生活的踪迹。

根据初步的统计,越南下龙湾国家公园里有大约 1 000 种鱼。在岛上还发现有大量哺乳动物、爬行动物和各种鸟类。公园里现已发现许多处考古点。在很早以前,下龙湾曾是中国、日本及其他东南亚国家贸易往来的重要港口。

下龙湾国家公园对任何人来讲,都称得上是值得一去的风景胜地。它吸引了无数的中外客人前来观赏游玩。下龙湾国家公园最重要的保护意义在于它的自然景观,当然还有地质学上的价值。下龙湾生物物种尤其是水生物种的多样性及众多的考古遗址也都应该得到人们对它们的保护和研究。

吴哥窟

SHIJIE TANSUO FAXIAN XILIE

　　吴哥窟为柬埔寨佛教古迹，为柬埔寨古代石构建筑和石刻浮雕的杰出代表。大约在1150年建造的吴哥窟是世界上寺庙建筑群中最大和最著名的庙宇。吴哥窟是高棉国王领土内千百个宗教建筑之一。

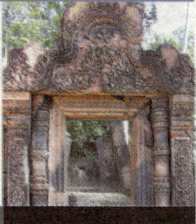

介　绍

　　六百多年以来，整座吴哥古迹被丛林榛莽所湮没。如今部分地区又回复到原来的样子。许多树木穿过建筑物在石缝中顽强地生长，所以致使一些主要的寺庙都被毁掉了。但人们依然千里迢迢奔向这里，因为这里是人们心中的圣地。

　　众所周知，印度教诞生于印度，是印度的国教，但印度教的建筑精品却在柬埔寨。柬埔寨的宗教建筑群与中国的万里长城、埃及的金字塔和印度尼西亚的婆罗浮屠并称为"东方文化四大奇迹"。12世纪时，神王苏利耶跋摩二世皇帝建造了这座宏伟的吴哥寺。吴哥窟是敬献给印度教神毗瑟拿的，它不仅是一所寺庙，还是苏利耶跋摩一世的陵墓。柬埔寨的高棉统治者在10－13世纪统治着一个非常强大的王国。他们认为自己是毗瑟拿在尘世的化身。吴哥窟这座天堂的宫殿是国王的灵魂神游的地方。

　　寺院周围有壕沟保护着，墙外还有巨大的蓄水池。吴哥窟的设计和谐优美，规模巨大的城池内有两道围墙，还套着一座方形土城。游人通过外墙的城门进入城中就可以看见整座主体建筑物耸立在紧密相连且重叠的平台上面。这座圣殿的中心上方有一个61米高的塔。经过几道门，一座台阶以及宽敞的庭院，人们就能到达高塔下，塔的四周围有四座较低的塔，这些大大小小的

● **国家标志**

吴哥窟以规模宏伟与浮雕细致闻名于世，吴哥窟现已成为柬埔寨国家的标志，展现在柬埔寨的国旗上。

塔是四个附属寺庙的标志。

吴哥窟生动活泼的雕塑装饰和它严谨匀称的设计相得益彰。石雕上生动地雕刻着印度史诗中的场面。在长达数百米连续不断的长廊浮雕上展现了高棉历史上的著名人物风貌。最受欢迎并反复出现的形象是高棉舞蹈女神。

吴哥窟是一座出色的建筑，它体现了对体积、空间以及几何体组合运用的精湛造诣。当时的建筑技术非常有限，但高棉人却能将石头运用得恰到好处，拱形结构和穹顶的建筑方式也被石头诠释得淋漓尽致，整座建筑被人们赞叹不已。

高棉艺术深受印度教和佛教的影响。这两种教派在高棉都一样受到尊重。吴哥城是高棉文化鼎盛时期的建筑，位于吴哥窟附近，它的中心是佛教寺庙巴戎寺。这里也有圣塔、长方形的回廊，中央有一个高耸的圣坛。鲜活而逼真的浮雕塑造着统治者骑在大象上威风凛凛的形象，在他的周围是拥挤的人群，甚至能够看到正在跳舞的女郎。这里供奉的是涅槃的饶王佛。吴哥城每个石塔顶上雕刻的都是四个巨大的笑脸，象征神明保佑的祥和。

泰姬陵

SHIJIE TANSUO FAXIAN XILIE

修建于 1631~1654 年之间的泰姬陵体现了一个国王对他深爱的妻子铭心刻骨的思念。几百年风雨沧桑过后,这座举世闻名的爱情丰碑仍然散发着不凡的魅力。

知识链接

泰姬陵是一座白色大理石建成的巨大陵墓清真寺,是莫卧儿皇帝沙贾汗为纪念他心爱的妻子在阿格拉修建的。泰姬陵是印度穆斯林艺术尽善尽美的瑰宝,是世界遗产中让人叹为观止的经典杰作之一。

——世界遗产评定委员会

介 绍

1631 年莫卧儿皇帝的妻子在生第十四个孩子时难产去世。她那时只有 36 岁,却已结婚 18 年,这对她的丈夫沙贾汗来说失去的不仅仅是深爱的妻子,同时也是一个得力的助手。据说沙贾汗穿了两年丧服(据另一记载,他的头发因悲伤而变白了)。他立誓要建一个配得上他妻子的、无与伦比的陵墓来怀念他的妻子。最终人们都见识了他伟大的成功。在这个让人叹为观止的建筑物上,刻着沙贾汗爱妻名字的缩写:泰姬·玛哈尔。

泰姬陵不仅是爱情的见证,更是建筑史上的奇迹。

泰姬陵永远也不会使人厌倦,它总是能令人赞叹不已。它在一天里的不同时间及不同的自然光线中显现出不同的特点。尽管它只是一座陵墓,但它却没有通常陵墓所有的凄凉。相反的,它会让你觉得它似乎在天地之间飘浮着。它的结构对称协调,花园和水中倒影巧妙结合在一起,创造了令所有游览者叹为观止的奇迹。据说大约有 2 万名工匠参与了泰姬陵的建造,历时 22 年才完成。传闻一位法国人和一位威尼斯人也参与了工程的部分工作。但到目前为止仍没有关于泰姬陵建造者的记载,而这样对这个建筑物是非常适合的,因为建造它的本意就在于让人们只记住葬在陵墓中的人。

泰姬陵是由从 322 千米外的采石场运来的大理石建造的，而它并不是一座纯白色建筑。数以万计的贵重宝石和半宝石镶嵌在大理石的表面，陵墓上的文字是用黑色大理石做的。从一道雕花的大理石围栏上就能够看出其出色的雕刻工艺。阳光照射在围栏上时投下变幻无穷的影子。以前曾经有银制的门，里面有金制栏杆和一大块用珍珠穿成的帘盖在皇后的衣冠冢上（它的位置在实际埋葬地之上）。盗墓者们窃去了这些价值连城的东西，不过泰姬陵的宏大华美还是使人为之倾倒。

泰姬陵位于一个风景区内，威严壮丽的通道喻示着天堂的入口，上方有拱形圆顶的亭阁。以前在这里曾经建有一扇纯银的门，上面装饰着几百个银钉，但所有这些珍贵宝物都已被劫走，如今的门是铜制的。

有关沙贾汗想在亚穆纳河的另一边为自己建一座同样的黑色大理石陵墓的传说好像没有多大的真实性。他的儿子篡夺王位后，将他的父亲囚禁在阿格拉一个城堡内长达 9 年，直到他去世。沙贾汗可以从城堡远远眺望泰姬陵，最终他也被葬在了泰姬陵。

泰姬陵是莫卧儿王朝建筑的最高成就的代表。陵墓主体竖立在一个底座上，上面装饰有塔，人们对它充满了与对清真寺同样的敬仰之情。但是有一次秦姬陵却面临被毁灭的危机。19 世纪 30 年代，威廉·本廷克阴谋策划拆除当时疏于管理而杂草丛生的泰姬陵，将大理石运去伦敦出售，但是由于从德里红堡上拆下的大理石没有找到买主，这个阴谋才未付诸实施。后来，到 20 世

纪初印度总督才又重新修复了泰姬陵。

　　除秦姬陵外，莫卧儿王朝还有一些其他的陵墓建筑。侯迈因在德里的陵墓是在 1564 年开始修建，它是泰姬陵的雏形，坚实、威严却不失精致、典雅。17 世纪 70 年代沙贾汗的儿子在奥芝加巴德也为他的妻子仿造了一座泰姬陵，只是它缺少泰姬陵的协调和韵味。德里的另一座陵墓赛夫达贾之墓在 1753 年开始修建，被称为是"莫卧儿建筑最后的闪光"，但是它并不是一座人们千方百计要建造观赏的建筑物。

　　毋庸置疑，泰姬陵是世界上完美艺术的典范。这座全部由大理石建成的建筑几乎无可挑剔，月光之下的泰姬陵更给人一种置身天堂的感觉。它除了表达了沙贾汗对爱妻的深情思念，也是沙贾汗给人类的一份厚礼。

建筑风格
　　泰姬陵的建筑风格后来在印度北部有所发展，但不久就消失了。

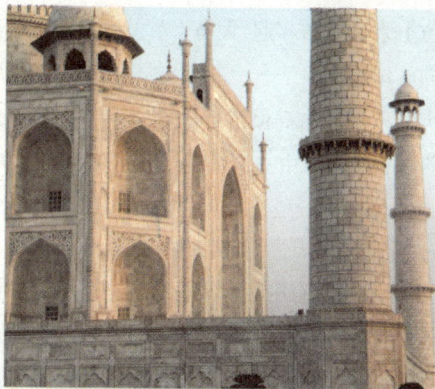

泰姬陵
　　美丽的泰姬陵为后人留下了一笔丰富的物质遗产，每年都有无数的游客为它的美丽所征服。

S H I J I E　T A N S U O　F A X I A N　X I L I E

大马士革古城

古人将大马士革城修建在陆上丝绸之路岔路口的绿洲上面，它的对面是黎巴嫩山脉，与西南部拜拉达河相邻。古城内的建筑富丽堂皇，庄严壮丽，堪称建筑史上的奇葩。在阿拉伯的古书中，有这样一段话：「人间若有天堂，大马士革必在其中，天堂若有天空，大马士革必与它齐名。」

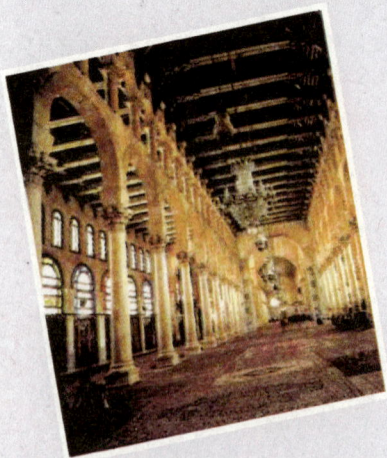

介 绍

从史书上看，公元前 15 世纪时人们就对大马士革有所记载，大马士革一直以来都是宗教、贸易和政治的中心。据记载，威巴斯人和日内瓦人在这里与旅行商队会合。

一支犹太人部落在公元前 11 世纪中期时就定居在这里。公元前 10 世纪时，大马士革成为了亚美尼亚王国的首都，当时非常有名的哈达德神庙就建于此。历史上的大马士革城历经巴比伦人、埃及人、赫梯人、亚述人和波斯人在内的多次入侵，后来亚历山大大帝征服了大马士革。再后来，到了塞琉西王朝时期，安条克将大马士革取代而成为新的都城。公元前 64 年，大马士革被罗马人占领，当时已希腊化的大马士革成为了罗马叙利亚省的一部分，并渐渐显出繁荣的趋势，在文化和宗教上较明显的变化则是在哈达德神庙的旧址上建起了一座用来供奉朱庇特的神庙。公元 636 年拜占庭帝国战败后，穆斯林占领了这座与西方有 10 个世纪之久联系的城市。公元 7 - 8 世纪时，大马士革成为阿拉伯帝国倭马亚王朝的首都，此时，它成为阿拉伯帝国辽阔疆域的都城。公元 705 - 715 年，一座大清真寺又在原来罗马神庙的旧址上诞生。阿尤布王朝建立后，就是在大马士革萨拉丁集结了他的军队从大十字军手中夺回耶路撒冷。大马士革又重新回到首都的地位上来。1516 年起，大马士革被奥斯曼土耳其侵占达 400 年之久。

大马士革的布局保留了倭马亚王朝哈里发时期的建筑风格，古城由一道具有城门的防卫城墙围护。在设计上保留了一些罗马和拜占庭时期的规划结构（如按四个方位基点进行定向的街道）。大马士革古城起源于伊斯兰教，有旅行车队圈地、光塔等为证。记载古城不同时期发展历程的大清真寺在大马士革古城众多古建筑中成为朝圣者们的首选，同时，它也是伊

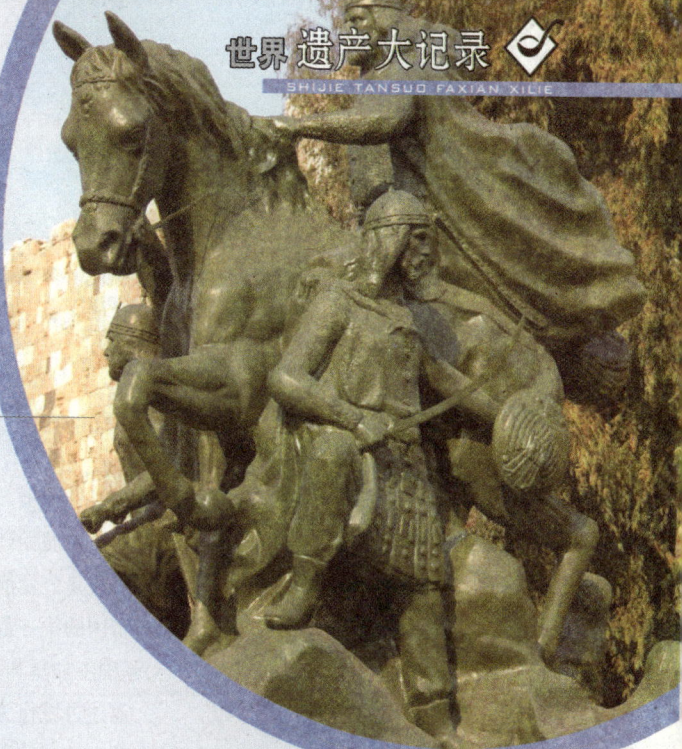

磨难重重

我们现在看到的大马士革古城并非它初建成时的面貌，它在1 000多年的历史中共经历了五次火灾，最后一次重建已是在1893年。

斯兰教的神圣之地。它的建筑结构还影响到了叙利亚、土耳其、西班牙以及其他一些地区清真寺的设计规划。

在大马士革，大清真寺的风格可谓独特而臻于完美，它的建筑风格影响深远。倭马亚王朝哈里发时期的整体建筑印证了大马士革的辉煌岁月，而它的宗教性建筑是大马士革作为穆斯林城市的原始证明。从城市的沿革上看，大马士革城市发展和基督教、伊斯兰教等宗教发展联系在一起。

知识链接

大马士革建于公元前3世纪，是中东地区最古老的城市之一。中世纪时期，大马士革是繁荣的手工业区（刀剑和饰带）。在它源于不同历史时期的125个纪念性建筑物中，以公元8世纪的大清真寺最为壮观。

——世界遗产评定委员会

亚述古城

SHIJIE TANSUO FAXIAN XILIE

亚述古城(Ashur)是位于伊拉克北部的古城遗址。它位于底格里斯河西岸,摩苏尔之南150千米的地方。

名称来源

亚述古城的名称来源于亚述帝国的最高神,即帝国的保护神"亚述",现在古城遗址已被联合国确定为世界文化遗产。

介 绍

亚述古城始建于公元前2 000年,但是其最重要的历史阶段是公元前14世纪－前9世纪,当时亚述古城是亚述帝国的第一都城。亚述古城也是亚述帝国的宗教中心,是国王加冕和举行葬礼的地方。

亚述古城作为古亚述王国的第一个都城,也是古亚述人的主神神宫所在地。出于这样的原因,虽然在地理位置上和居民数量上,亚述古城比不上其他城市,但它仍然长期被作为亚述帝国的都城,甚至连帝国的名称都以这个古城的名称命名。在公元前880年帝国迁都后,还是有众多居民定居在这里。直到公元前614年,此城遭巴比伦人破坏。此后便渐渐荒废。

亚述城的城市呈三角形布局,城墙环绕在西面和北面。城墙长约4 000米,分内外两层,已确定有8座城门。内墙厚7米,城门饰有彩色琉璃砖;外墙的外面有宽约20米的护城河,河的两端通底格里斯河,东面和北面有砖石砌的堤墙用来防止洪水的泛滥。城内建筑在北部的居多。

已挖掘出的亚述古城的公共设施和民宅记述了亚述帝国从苏美尔时期到阿卡德时期的建筑繁荣史,遗迹中还包括帕提亚时代亚述古城短暂复兴时期的建筑。

德国考古队20世纪初期来此发掘古城,发现古城内城有圆墙围护,周长4 000米。阿达德尼拉里一世(公元前1307年－前1275年在位)曾在城东滨底格里斯河修建了一座巨型码头。城北有底格里斯河河湾及悬岩为屏障,森纳谢里卜(公元前705年－前681年在位)也在河边修建了一些有扶壁的城墙和名为穆什拉鲁的凸出的港口,还有一些要塞是用粗石砌成的呈半圆形塔楼,这种建筑式样被认为是森纳谢里卜的首创。这里最古老的宫殿为沙姆希亚达德一世(公元前1813年－前1781年在位)曾经居住的宫殿,后来被用做墓地。居民区多位于城西北隅。亚述城遭破坏时人民虽惨遭劫杀,但直到公元前140年帕提亚(安息)王国兴起时,城内尚有部分居民,再往后古城便日趋荒芜,湮没无闻。

亚述文化汇集了西亚各国(主要是巴比伦)精华,同时也具有自己的特点。亚述时期大量宏伟的宫殿、神庙和其他建筑现在仍有所保留。建筑物有大量浮雕装饰,雕刻工艺具有很高的艺术水平。亚述巴尼拔所建尼尼微王家图书馆,其中藏有大量泥版文书,包括宗教神话、艺术作品、天文、医学等,是追寻亚述历史的重要史料。从亚述城出土的遗物有石雕、圆筒印章、各种石板及首饰、武器、金属碗等。同时出土的还有记有亚述王名和最高官名的铭文表,上面载有亚述历法,是研究亚述王朝更替情况和判定年代的重要依据材料。

据亚述人所说,"萨尔贡二世宫殿的守护神兽"是人首、狮身、牛蹄、头顶高冠的怪异形象。守护神兽的胸前是一束被细心梳理过的长胡须,它有一对富有威慑力的大眼睛,身上的左右两侧还伸展着一对翅膀,显得气宇轩昂,让人望而生畏。这种形象的石雕簇立在宫门口,体现了一种

亚述古城位于美索不达米亚北部底格里斯河的特殊地带上，位于雨水灌溉农业和人工灌溉农业的交界处，其历史可以追溯到公元前3000年。公元前14世纪－前9世纪，亚述古城是亚述帝国的第一个都城，是重要的国际文化和贸易交流的平台。

——世界遗产评定委员会

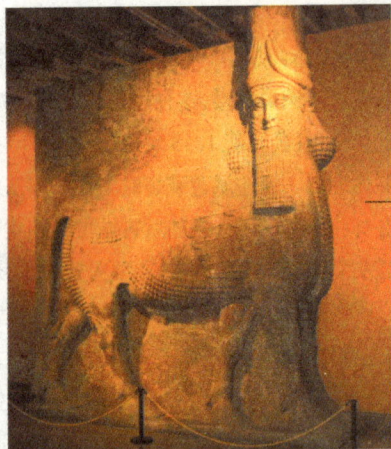

宫殿的守护神兽
萨尔贡二世宫殿的守护神兽
代表着王权的神圣和威严。

王权象征着的神圣。"垂死的牝狮"雕刻的是一座一头已身中数箭的狮子浮雕，这座浮雕体现了一种生命垂危的悲剧形象。它的后腿已无力支撑起后半截身体，而它的前爪仍然极其强健，挣扎着想站立起来。它抬头向天发出怒吼，却是一声声的悲鸣，狮子的总体形象动人，给人一种悲壮感。在亚述的其他雕塑都雕刻得十分生硬的情况下，这一块浮雕就显得特别的完美突出。作为一种装饰性浮雕，它已超越了装饰本身的含义，"垂死的牝狮"成为古代亚述美术中最值得珍视的现实主义杰作之一。

在萨尔贡二世宫门前的这两只镇门兽形象，后来逐渐成为一种吉祥动物，并具有神秘的力量。它们的风格一直影响到其他民族，古波斯和西亚地区也都十分盛行。

亚述古城在岁月的流逝中沉淀积累了极多宗教方面的重要建筑和宫殿，到目前为止，考古发掘只发现了"冰山一角"，相信以后一定会有更多古代人类智慧的光辉展现出来。

世界探索发现系列

Shijie Yichan Dajilu

世界遗产大记录

5

欧 洲

Ouzhou

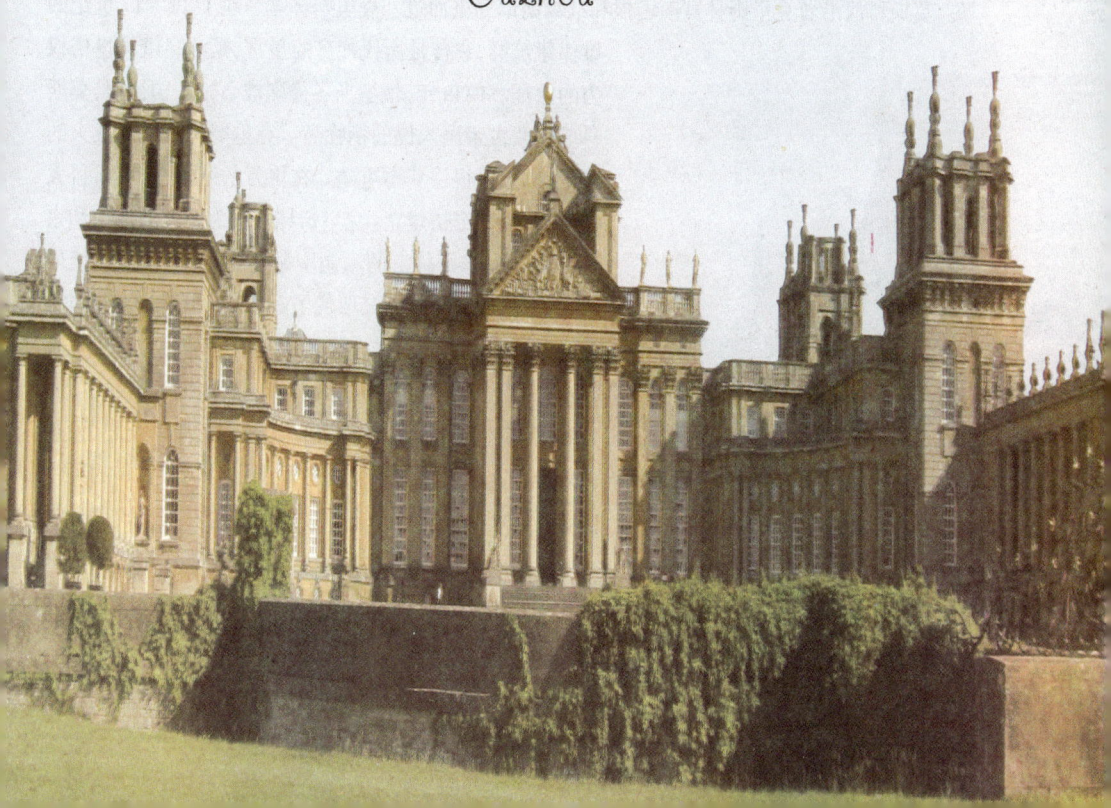

克里姆林宫 和 红场
SHIJIE TANSUO FAXIAN XILIE

由俄罗斯本国和外国建筑家于 12 – 17 世纪共同修建的克里姆林宫，作为沙皇的住宅和宗教中心，与 13 世纪以来俄罗斯发生的所有重要的历史事件和政治事件密不可分。在红场防御城墙的脚下坐落的圣瓦西里教堂是俄罗斯传统艺术精华的代表作之一。

介 绍

坐落在莫斯科市中心的克里姆林宫，占地 28 万平方米。其西墙根下是占地 7 万平方米的红场。莫斯科河沿着克里姆林宫南墙根和红场南部穿城而过。克里姆林宫是建于 12 – 17 世纪的雄伟建筑群，它曾是历代沙皇的皇宫，是沙皇俄国世俗权力的象征。1238 年，俄罗斯各公国被金帐汗国征服，莫斯科成了蒙古帝国入侵的牺牲品。克里姆林宫遭到战火的严重破坏，但很快获得重建。在伊万的统治下，莫斯科大公国于 14 世纪初建立。克里姆林宫成为公侯的住地和宗教中心。克里姆林宫的木制围栅在 14 世纪末被石墙取代，到 15 世纪末，砖墙又取代了石墙。克里姆林宫建筑群是当时这一新的政教结合的体现。在伊凡四世，即伊凡雷帝（1547 – 1584 年）的统治下，国家的统一得以巩固。1543 年君士坦丁堡即拜占庭失陷落入土耳其人之手，这标志着伊凡四世成为东罗马帝国和作为第二罗马的拜占庭帝国的精神继承人和东正教的保护者。推动这项计划实施的是令人畏惧的伊凡。伊凡四世是第一个能真正称得上是全俄沙皇的人。伊凡四世在 3 岁时继承父位成为大公，14 岁执政掌管国家，16 岁加冕为沙皇，征战的胜利

使他建立了一个俄罗斯王国，由他统治莫斯科。但伊凡四世生性残暴，1583 年他一怒之下杀了自己的儿子，3 年后他自己也死了。据说，在圣巴西勒教堂完工后，沙皇命人把建筑师的眼睛弄瞎，为的是使他永远无法再创造奇迹。1555 年，伊凡在红场上建造了瓦西里·布拉仁教堂，以纪念俄罗斯对喀山汗国的征服。在此之后的 16－17 世纪，克里姆林宫变为沙皇的住地。随着 1703 年政治权力向圣彼得堡的转移，克里姆林宫继续保持着宗教中心的地位。

知识链接

　　由俄罗斯和外国建筑家于 14 世纪到 17 世纪共同修建的克里姆林宫，作为沙皇的住宅和宗教中心，与 13 世纪以来俄罗斯所有最重要的历史事件和政治事件密不可分。

——世界遗产评定委员会

当莫斯科 1918 年再次成为首都后，克里姆林宫重新成为苏维埃政权政府部门的所在地。此后克里姆林宫一直统治着苏联。弗拉基米尔·伊里奇·列宁迁入 18 世纪参议员大楼办公之后，他即使在大楼顶楼居住也是过着俭朴的生活。

　　克里姆林宫的名称由来具有久远的历史。克里姆林宫是"城垒"或"内城"的意思，俄罗斯的一些大城市都有古老的"克里姆林"。但从 1547 年后只有在莫斯科的城堡才被称为"克里姆林"。12 世纪这个城堡刚刚建立时，莫斯科就以它为核心逐渐发展起来。

　　克里姆林宫高耸的围墙重建于 15 世纪。围墙是砖砌的，高达 18.3 米，长达 1.6 千米，中间有 20 多座塔楼，有的塔楼大门上有帐篷式的尖顶。克里姆林宫主入口是面朝红场的斯拉斯基门。1600 年由鲍里斯·戈东诺夫沙里提出加高伊凡大帝钟楼到 81 米。伊凡大帝钟楼还是一座瞭望塔，可以俯瞰周围 32 千米的地方。在它的脚下有一座"钟王"，是世界上最大的钟，铸于 18 世纪 30 年代，重量超过 200 吨。在"钟王"附近还有一尊庞然大物——"炮王"。其口径为 89 厘米，造于 1586 年,重量达 40.6 吨。"钟王"从未被敲响过,"炮王"也从未发射过炮弹。15 世纪后期,伊凡四世委托意大利建筑师重建克里姆林宫作为第三罗马的首都。用多棱白石砌成的多棱宫建成于 1491 年,宫内俄皇的朝觐大厅规模宏伟、装饰奢华。在主入口附近有一张核桃木雕刻的伊凡雷帝御座,御座是 1551 年建造的。克里姆林宫内包括了具有独特的建筑艺术和造型艺术的建筑经典。在很大程度上,克里姆林宫的建筑精品对促进俄罗斯建筑艺术的发展都产生了决定性的影响,这一点在伦巴第艺术复兴时期表现尤为突出。克里姆林宫通过其空间布局的精巧、建筑主体的宏伟及其附属建筑的精美为沙皇时代的俄罗斯文化提供了独特的见证。

克里姆林宫的建筑层次分明。大克里姆林宫是克里姆林宫的一系列宫殿中的主体宫殿,位于整个建筑群西侧。建于 1839 – 1849 年的大克里姆林宫为两层楼房建筑,是政府办公地。其外观为仿古典俄罗斯式,内部呈长方形,楼上有露台环绕,共有总面积达 2 万平方米的 700 个厅室。厅室内的建筑风格迥异,装饰精美,气势恢弘。宫的正中有装饰各种花纹图案的阁楼,上有高出主建筑物的紫铜圆顶,并立有旗杆。正门用白色大理石板建造,第二层厅室中的格奥尔基耶夫大厅因其巧夺天工的艺术珍品而闻名遐迩。

在克里姆林宫中心最古老的教堂广场上,建造着圣母升

天大教堂、天使大教堂、报喜教堂和圣母领报教堂。在这些宗教建筑中，最能体现俄罗斯与北部教堂建筑风格的是以山字形拱门和金色圆塔为特征的圣母升天大教堂。教堂建于 1480 年，建筑时间稍晚于圣母升天教堂的是 1489 年建成的报喜教堂，它原为希腊十字形的 3 个圆顶的建筑，后又扩建成造型美观的 9 个金色圆顶的教堂，在当时被称为"金色拱顶"，金色拱顶成为皇族子孙洗礼与举行婚礼的地方。

红场是俄罗斯最负盛名的中心广场。红场与克里姆林宫毗连，坐落于克里姆林宫东墙一侧。15 世纪 90 年代，莫斯科遭遇大火，火灾后的空旷之地形成了广场，所以广场也被称为"火烧场"，17 世纪中叶起才称为"红场"。在俄语中"红色的"一词还有"美丽的"之意。红场中最引人注目的建筑是位于广场南面的瓦西里·布拉仁大教堂，这是一座有着 9 个"洋葱"式尖顶的大教堂。教堂的红砖墙面用白色石头装饰，表面配上各种颜色，如金色、绿色以及杂糅的红色和黄色等。目前，红场已成为俄罗斯举行各种重大集会的首选场地，2005 年的纪念世界反法西斯战争胜利 60 周年的重大集会也是在红场举行的。在这次集会上，俄罗斯还在红场上举行了盛大的阅兵式。

克里姆林宫

俄罗斯克里姆林宫这一世界闻名的建筑群，享有"世界第八奇景"的美誉，吸引着旅游者前来参观。

圣彼得堡

SHIJIE TANSUO FAXIAN XILIE

有一位哲人曾经说过：「如果在圣彼得堡住上两个星期，你会觉得自己知道的并不多，若是住上两年，你会发现，原来你什么也不知道……」

由于河流纵横，风光秀丽，所以圣彼得堡素有"北方威尼斯"之美称。圣彼得堡是俄罗斯的历史缩影、教育之都、文化中心，更被人们誉为俄罗斯的北方首都。圣彼得堡是俄罗斯最大的港口、第二大城市，位于波罗的海芬兰湾东岸涅瓦河口。圣彼得堡面积为 607 平方千米，其南北长 44 千米，东西长 25 千米，城市总人口约 421 万人。该市由三百多座桥梁相连，它的河流、岛屿与桥梁的数量均居俄罗斯之冠。圣彼得堡是一座水上城市，河面面积占全市总面积的 10.2%。

在美丽的圣彼得堡，每幢建筑都是一篇史诗。在圣彼得堡，名胜古迹比比皆是。特别是在涅瓦大街上，一座座具有西欧风格的楼房鳞次栉比，使人仿佛置身于 18 世纪的古建筑博物馆里。最令人称奇的是遍布在全城各处的大大小小的青铜雕像，个个神态各异，栩栩如生。其中最著名的是"青铜骑士"。"青铜骑士"就是彼得大帝的巨大雕像，它源起于一位伟大诗人将这座纪念碑称为"青铜骑士"而写入一首诗中，于是人们就把彼得大帝的纪念碑称作"青铜骑士"。这座高 5 米，重 20 吨的雕像的基座是一块重达 1 600 吨的花岗岩，整座雕像耸立在十二月党人广场中央，万众瞩目。威风凛凛的彼得大帝骑在高大的骏马上，抬头眺望着涅瓦河，那段逝去的岁月仿佛又重现在人们眼前。

圣彼得堡大部分教堂建于 18 世纪和 19 世纪，这些教堂几乎都是精心雕琢的艺术品。坐落在参政院广场旁的圣埃撒教堂，是用许多高 20 米的整块花岗岩雕凿出来的罗马柱支撑的，这些被支撑的镀金的巨大圆顶，气势雄伟。此外，这座教堂还拥有 5 米多厚的围墙，将这座可容纳 12 000 人的教堂衬托得更加深沉，好像会随时

圣彼得堡

圣彼得堡是俄罗斯文化和历史名城，以建筑的精美闻名于世，素有"地上博物馆"之称。

知识链接

被称为"北方的威尼斯"的圣彼得堡，以其无数的河道和四百多座桥梁而闻名于世，这就是在彼得大帝统治时期实施的宏大城市规划的一个重要成果。它的建筑遗产与巴洛克式建筑风格和纯古典式建筑风格极其和谐。

——世界遗产评定委员会

从四面八方传来历史的声音。法国建筑师孟菲浪，用了近40年时间来建造它，圣埃撒教堂成为了俄罗斯建筑史上的一座艺术里程碑。在这里，除了艺术，更让人感受到信仰的力量以及岁月的沧桑。

夏宫是"俄罗斯的凡尔赛"，在圣彼得堡，冬宫和夏宫就是它的象征。它们的美是语言无法形容的，借用一句俄罗斯的谚语："阅读七遍描述圣彼得堡的文字不如亲眼看一下这座城市。"

夏宫也叫彼得宫，是彼得大帝以前的避暑行宫。它坐落在芬兰湾南岸涅瓦河岸边，距离圣彼得堡市区有29千米。彼得宫由3个部分组成，有下花园、宫殿和上花园。上花园面积有15 000平方米，有一座宫殿呈金黄色的，上面镶有许多精美的雕刻，耸立在小山丘上，从海滨处望去，显得更加宏伟。下花园的面积是10 250平方米，有宽阔的草坪、花园……还有许多喷泉与镀金雕像，这都是夏宫花园的显著特色。150个喷泉可产生两千多个喷柱，不停地向空中喷放出水柱，形成了千姿百态的造型，使人目眩神迷，还有清幽、古老的森林，更令人流连忘返。夏宫以其豪华

壮丽的建筑被人们誉为"俄罗斯的凡尔赛",吸引了世界各地游客来争睹它的美景。

在圣彼得堡的中心,有一组巨大的巴洛克式建筑群,这就是驰名世界的冬宫,这里是历代沙皇居住的宫殿。它以浅绿色的宫墙、雪白的立柱、精美的壁画、华丽的吊灯、千姿百态的雕像、情趣幽雅的屋顶花园,还有散发着浓郁的艺术气息的长廊赢得了人们的称赞。

雍容雅致的安尼契科夫桥可称为桥中精品,桥两头各有两匹马,惟妙惟肖的形态常让人以为它们是活的,这座桥雕刻的精美程度足可媲美巴黎的亚历山大桥。

由彩色圆顶的教堂开始朝西南流的格利巴耶多夫运河,是最富诗意的彼得堡水道,这里的人行步道桥非常适合喜欢散步的人们信步游走。

游览过了桥,你会为不知该去哪一处游览而为难,每一处的景观都那么迷人,迷失在人类智慧中,也足以称得上一次幸福的沉醉吧!

SHIJIE TANSUO FAXIAN XILIE

维也纳古城

提起维也纳，首先让人想到的是维也纳金色音乐大厅中回旋的经典旋律。维也纳不仅在现代是一座名城，在历史上也深具传奇色彩。

介 绍

从早期著名的"维也纳乐派"一直到 20 世纪初，维也纳一直在欧洲乐坛上发挥着重要而独特的作用。维也纳还是建筑艺术精华的汇聚地，包括巴洛克风格的城堡和庭院，还有建于 19 世纪晚期的环城大道。沿着宽敞的林荫环城大道，坐落着维也纳最负盛名的名胜古迹，这些名胜古迹经过修葺、重建，散发出更加迷人的风采。

作为中世纪欧洲最大的三座城市之一的维也纳，至今仍保持着昔日显赫的地位。维也纳是世界名城，是奥地利的首都，但它更以"音乐之都"而闻名遐迩。它位于奥地利东北部阿尔卑斯山北麓多瑙河畔，多瑙河贯穿全城，内城的古街道，纵横交错，很少有高层房屋，建筑多为巴洛克式、哥特式和罗马式。中世纪的圣斯特凡大教堂和双塔教堂的尖顶，高约一百三十多米，可谓直插云霄。

圣斯特凡大教堂是维也纳市中心的哥特式教堂，也是欧洲最高的几座哥特式古建筑之一，带有东欧教堂的浓厚地方色彩。教堂顶盖外面绘有大面积的色彩缤纷的图案，这些图案有"维也纳的精魂"之称。教堂于 1304 年始建，两个世纪后竣工，被认为是集几百年建筑艺术之大成的杰作。第二次世界大战中被毁，战后重建，历时 10 年，至 1958 年基本恢复旧

维也纳

维也纳以精美绝伦、风格各异的建筑而赢得"建筑之都"的美称；又以悠久的历史被称为"文化之都"；还以精妙绝伦的装饰而被称为"装饰之都"。

观。大教堂由一座主体楼和三座楼塔组成，以南塔最为壮观，高 138 米，成锥体直插云天。

霍夫堡宫是奥地利哈布斯堡王朝的宫苑，坐落在首都维也纳市中心，历时十余年的修建终成今日的规模。在皇宫前的英雄广场上竖有一座跃马英雄铜像，这位英雄就是欧根亲王。欧根亲王原是法国贵族，后来成了率领奥地利军队击退土耳其入侵的民族英雄。他是一位深懂建筑艺术的武将，建筑师按照他的设想建造了一座仿法国凡尔赛宫的古典宫殿。这也是一座富丽堂皇的巴洛克式建筑，是欧洲最为壮观的宫殿之一。

知识链接

维也纳是从早期哥特和罗马人定居点发展起来的，来到中世纪时期，已成为神圣罗马帝国的首都，带有浓郁的巴洛克色彩。

——世界遗产评定委员会

伯尔尼古城
SHIJIE TANSUO FAXIAN XILIE

伯尔尼是瑞士的首都，伯尔尼州的重要城市，于1191年建造，坐落在日内瓦和苏黎世之间，正对阿尔卑斯山脉，修建在阿勒河一座河湾环抱的石岗上。

介 绍

在12世纪末，统治瑞士中东部的泽林格公爵希托尔德五世想要在自己的疆域西部修建一个要塞，于是选定伯尔尼这片土地，在1191年开始建城筑堡。1218年伯尔尼成了自由城，而且开始第一次扩建。后来成为萨瓦家族彼得二世伯爵的保护地，在此期间，伯尔尼城又进行了第二次扩建。

伯尔尼曾被哈布斯堡王朝统治，于是它长期为了独立而发生战争。1291年属于哈布斯堡家

伯尔尼古城

一般认为伯尔尼古城得名于一只被击退的熊，其旧城区已成为联合国教科文组织核定的世界遗产。

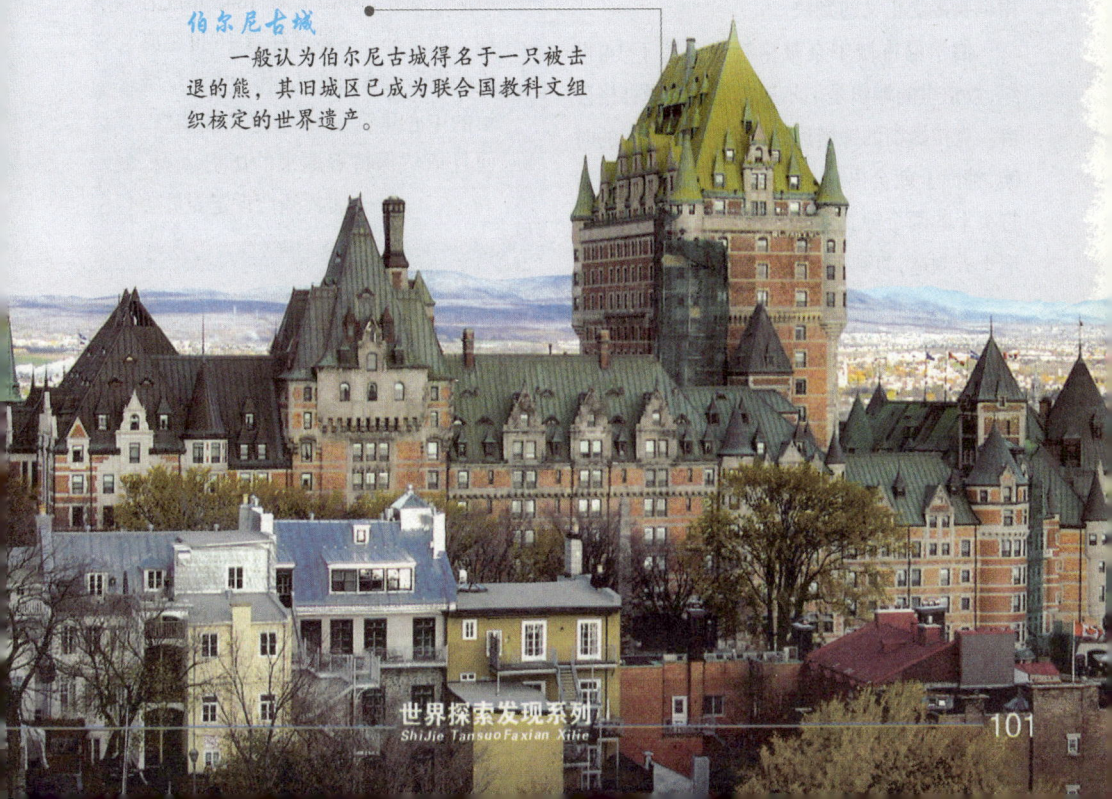

族的皇帝死后,才签订了建立瑞士联邦的盟约。经过第三次扩建的自由城伯尔尼在 1339 年胜利后并入联邦。14 世纪和 15 世纪,发展成为一个强大城邦中心的伯尔尼,它的政治地位在广阔的领土上起到了极大的作用。1528 年后,伯尔尼与犹太教改革派结盟,因此进入繁荣期。到 18 世纪时,伯尔尼政治权力达到了顶峰。1848 年,伯尔尼被定为瑞士的首都。伯尔尼介于法语区与德语区之间的交界上,语言以德语为主,法语为辅。将伯尔尼定为联邦首都,就是德语区与法语区之间妥协的结果。

曾在中世纪时期筑防的伯尔尼古城,其城市格局依据地势而分布。道路的规划沿阿勒河河岸分布开来,其布局留存了中世纪的风格。整个道路全部用切割而成的灰色条石铺设,有时路面层呈现出淡绿色色调。街道两侧建有连拱。教堂的尖塔和钟楼、点缀着鲜花的喷泉、装饰着角塔的房屋、倾斜的屋顶以及公共花园等构成了一幅整齐协调的建筑美景图,其大部分的历史都能够追溯到 17 世纪和 18 世纪。

伯尔尼古城的建筑与周围自然景观的融合,使伯尔尼这座城市具有了另一番景象,绿树成荫、安静祥和。伯尔尼又称泉城,市区街道中央有许多街心泉,大部分为 16 世纪所建。这当中最漂亮的街心泉是正义街的正义泉。正义泉中央柱顶的塑像是一手持剑,一手拿着天平的正义女神像,塑像脚下是教皇、皇帝、苏丹、高官显贵等统治阶级的代表,寓意着即使是王侯将相也要接受正义的判决。

伯尔尼古城中奈戴格教堂建造于 14 世纪,教堂里的雕塑是伯尔尼的建立者泽林格公爵。克拉姆街的钟塔远近闻名,到了整点的时候,钟面上就会出现一个小机器人,用锤子击打头上的两个钟。钟的零部件由 16 世纪时的瑞士人制造,直到现在还保存完好,正常运转。

知识链接

伯尔尼古城,12 世纪建于阿勒河流淌环绕着的小山上面,1848 年成为瑞士的首都。古城留存着 16 世纪典雅的拱形长廊和喷泉。作为中世纪城镇的中心建筑在 18 世纪又被装修,而且依然保持着原来的历史风貌。
——世界遗产评定委员会

梵蒂冈城

SHIJIE TANSUO FAXIAN XILIE

梵蒂冈城是罗马城西北高地上面积达四万四千多平方米的城国,位于台伯河南岸,在贾尼库隆山的北部延伸过梵蒂冈山的一部分。宗教圣地的影响力使这座城拥有一种圣洁、凝重之美。

介 绍

梵蒂冈城建立于公元 325 年前后,是康斯坦丁大帝在罗马共和国和罗马帝国的遗址上建立的第一座天主教大教堂。梵蒂冈在历史上有着宗教管理与政治管理的双重功能,现在已经是一个拥有独立主权的国家。

在意大利格雷戈里大帝(公元 590 - 604 年)的统治时期,意大利最大的财产所有者是教皇。在 1309 - 1417 年间,意大利战争和罗马的混乱使教皇被流放到亚威农。虽然遭到大分裂的削弱,文艺复兴时期的罗马教皇制度还是经历了一段时期的政治复苏。

法国大革命使教皇国家开始衰落,经历了一段困难的恢复时期后罗马被并入到意大利王国。1929 年梵蒂冈与意大利签订《拉特兰条约》,解决了自 1870 年以来双方争执不休的相互的主权问题。

虽然梵蒂冈城大部分领土都环绕着城墙,但大教堂的四周仍是对外开放的。整座城市是由一些建筑物和广场,还有布局规则的花园组成。

在这座规模很小的城市中,处处都是宗教和城市纪念建筑,其中许多都属于意大利文艺复兴和巴洛克艺术风格的杰作。

梵蒂冈宫殿由教皇尼古拉斯五世(1447-1455 年)进行了防御功能的修改。教皇朱利斯二世(1503-1513 年)又在康斯坦丁所建的大教堂遗

知识链接

梵蒂冈城是基督教中最神圣的地区之一,它是伟大的历史见证,也是基督教神圣精神进程的见证。圣彼得教堂位于城市的中心位置。教堂装饰着双柱廊,与花园毗邻的广场从正面环绕着教堂。

——世界遗产评定委员会

址上建造了圣彼得大教堂。

梵蒂冈是拥有人类历史上一批举世无双的艺术珍品的城市，因此整座城市发展了数个世纪的艺术创造作品。它是具有立体空间感的独特艺术杰作。梵蒂冈的建筑、绘画、雕塑以及博物馆的古品都对16世纪以来艺术的发展产生了重大的影响。

"梵蒂冈是文艺复兴和巴洛克艺术的理想典范和辉煌创造"。一千多年来，世界各地的人们络绎不绝地来到这里，流连忘返地徜徉于艺术的殿堂中，久久不想离去。

梵蒂冈城

梵蒂冈是一个特殊的城国，梵蒂冈城区便是梵蒂冈国家的疆域，国土面积仅为0.44平方千米，是世界上面积最小的国家。

Shijie Yichan Dajilu

世界遗产大记录

6

大洋洲

Dayangzhou

大堡礁
SHIJIE TANSUO FAXIAN XILIE

> 大堡礁是世界上最大的珊瑚礁区,是世界七大自然景观之一,也是澳大利亚人最为骄傲的天然景观。

介 绍

大堡礁地处太平洋珊瑚海西部,北面从托雷斯海峡起,向南直到弗雷泽岛附近,沿澳大利亚东北海岸线延伸两千余千米,总面积达8万平方千米。北部排列呈链状,宽16千米至20千米;南部分布面宽达240千米。

大堡礁水域总数约有大小岛屿六百多个,其中以绿岛、丹客岛、磁石岛、海伦岛、哈米顿岛、琳德曼岛、蜥蜴岛、芬瑟岛等较为有名。这些各具特色的岛屿现都已开辟成了旅游区。

大堡礁包括三百五十多种绚丽多彩的珊瑚,造型姿态万千,堡礁大部分处在水里,低潮时才稍微露出礁顶。从上空俯瞰,礁岛仿佛许多碧色的翡翠,光芒闪烁,而隐约闪现的礁顶艳丽如花,盛开在碧波万顷的大海上。

在大堡礁群中,五光十色的珊瑚礁有红色的、粉色的、绿色的、紫色的、黄色的,异常美丽;其形态有鹿角形、灵芝形、荷叶形、海草形,构成一幅姿态万千的海底景观。在这里生活着大约1 500种热带海洋生物,有海蜇、管虫、海绵、海胆、海葵、海龟,以及蝴蝶鱼、天使鱼、鹦鹉鱼等众多热带观赏鱼。

在1975年出台的大堡礁海洋公园法,提出了建立、控制、保护和发展海洋公园,面积包括大

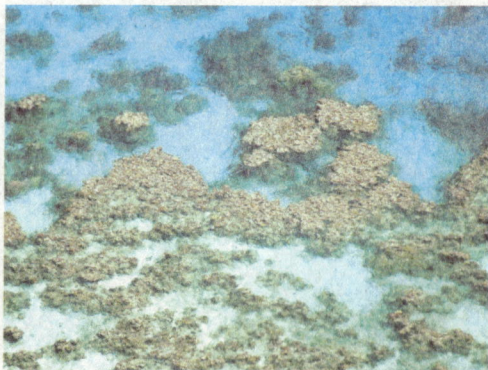

堡礁 98.5%的区域范围，1981 年整个区域被列入世界遗产名录中。

　　大堡礁属热带气候，主要受南半球气流影响，海藻是大堡礁形成的主要因素。这里不仅生活着土著人，还有白澳大利亚人散居在附近的岛屿，当地旅游业十分发达，已成为这里人们重要的经济来源。

　　一直以来，大堡礁，特别是它的北部区域，强烈影响着居住在西北岸土著人和托雷斯岛屿居民的文化，海洋公园的建立不只是保护了当地文化，还与当地土著居民的生活息息相关。并且，这里还有艺术高超的石画艺术馆和 30 多处著名的历史遗址，最早的能够上溯到 1791。因为大堡礁海域海底礁石林立，所以周围修建了大量的航标灯塔，有些已成为著名的历史遗址，还有一些经过加固到现在还发挥着作用。

知识链接

　　大堡礁地处澳大利亚东北岸，是一处长达 2 000 千米的地段，此处风景秀丽，但却险峻莫测，水流非常复杂，这里还生存着 400 余种不同类型的珊瑚礁，鱼类 1 500 种，软体动物达 4 000 余种，聚集的鸟类 242 种，有着优越的科学研究条件，这里又是某些濒危动物物种(如人鱼和巨型绿龟)的栖息地。

——世界遗产评定委员会

澳大利亚哺乳动物化石遗址

SHIJIE TANSUO FAXIAN XILIE

地处澳大利亚里弗斯利和纳拉库特的化石遗址向人们展示了古澳大利亚的气候与环境，充分显示出澳大利亚大约 2 500 万年以来有袋动物的进化史，因此受到世界的瞩目，而且还在 1994 年被列入《世界遗产目录》。

知识链接

地处东澳大利亚北部和南部的里弗斯利和纳拉库特被列入世界十大化石景点之中。它们非常形象地给人们讲述澳大利亚珍稀动物群的各个进化阶段。

——世界遗产评定委员会

介 绍

纳拉库特山洞洪积世的化石在 1859 年是一个叫泰内森的人首次披露给世人，他认为在澳大利亚找到了圣经里"大洪水"的证据。在英国和欧洲的当时正在进行着一场有关进化论和上帝创世论的激烈争论，此处化石遗址的发现引起了人们的关注。1980 年斯特林教授讲述说从斯贝西蒙山洞发现了谜一般的有袋类"狮子"的遗骨，从而引起了科学组织的兴趣，而更深的的研究却并没有进行。

1963 - 1964 年之间南澳大利亚的洞穴探测组织在海斯泰山洞采集到早已灭绝的巨袋鼠三个亚科的 52 具化石，不久在佛克斯山洞发现了更多的化石，全部的化石都被保存在南澳大利亚博物馆里。这时古生物学者罗德·威尔士和洞穴探测组织的成员开始对岩洞实施更为细致的搜寻，希望能够发现更多化石。

1969 年幸运之神来临了，卡特莱尔和威尔士发现了维克多利亚岩洞的扩展地带。他们穿过许多的山洞和山洞间的通道，发现了一个有着数以万计的脊椎动物化石的山洞。现在这处遗址被称为化石洞。1971 年发掘继续进行，加尔布里斯和瑞特在穿过离化石洞几百米远的狭小的通道时，发现了两处化石遗址，最后他们将这些发现在一本期刊中做了专门报道。

1969 年下半年开始，澳大利亚有关部门在佛林德斯大学的学者罗德·威尔士的指导下对化石洞进行发掘。罗德还邀请了当时在阿德莱德大学地理系的凯文教授一起进行地理探测，希望测出岩洞和化石的年龄，这项工作一直到现在还在进行。

1969 年 10 月，在国家有关部门的干预下，纳拉库特岩洞和化石洞开始对外开放，而且还在1971 年修建了通向岩洞的旅游路线；1975 年重新给岩洞命名为维克多丽亚岩洞；1979 年观光者中心与图书馆成立并对外开放。大约二十年的时间，从化石遗址发掘出来约 138 平方米的沉积物和骨头，大约 5 000 吨重，化石洞占了 4%。

现在已发掘了 5 200 件馆藏品，与庞大的岩洞资源相比，这只是其中的一小部分。如果不是一小部分沉积物被从表层移走，岩洞可能仍然保持着它特有的古朴风貌。

维克多丽亚岩洞的脊椎动物化石不管是从含化石的沉积物上，还是从动物种类的多样性的程度上来说，都称得上是澳大利亚最大、保存最为完好的化石遗址。

遗址群能够上溯到公元前 280 000 年以前，提供了澳大利亚前欧洲时代和更新世晚期独一无二的有关环境和生态方面的记录，其中就有保存完好的澳大利亚冰河纪巨型动物(巨大的、已灭绝的哺乳动物、鸟类和爬行动物)的化石，而且还有一些近代生物的化石，像蝙蝠、蛇、鹦鹉、龟、老鼠、蜥蜴和青蛙等。化石还有一些保存完好的头盖骨，即使最纤细处也没被损坏。专家认为岩洞经过长年累月的积淀，最后沉积物挡住了它的入口。还有两处化石遗址从冰河期就没有人动过。其实所有已知岩洞化石遗址都经历了相似的形成过程，而且含有脊椎动物的化石或亚化石。现在进行的发掘和研究体现出一些岩洞之间有着密切联系，其他一些也可能有某些联系，因此进一步研究取得突破的可能性非常大。

蒂瓦希普纳穆——新西兰西南部地区

蒂瓦希普纳穆公园坐落在新西兰的西南部,其风景是在冰川的侵蚀作用下形成的,有海滩、石头海岸、悬崖、湖泊和瀑布。

介绍

蒂瓦希普纳穆公园从450千米长的西海岸向内陆蜿蜒40～90千米,占地面积为2.6万平方千米,海拔高度在3 764米以下。此地是受人类活动影响很小的地区。

新西兰西南部地处太平洋板块和印度－澳大利亚板块之间的过渡带上。这里是全世界地震活动最集中的地区之一。过去500万年以来的板块运动造就这里的多山地形。菲奥德兰南岸和相邻地区的13个或更多的海岩断层记录下了几乎100多万年的地质变动历史。海岩由海洋的各种侵蚀作用对海岸侵蚀造成,目前发现的最古老的海岩断层比现在的海平面高1 000多米。被抬生的山脉曾经被高山冰川凶猛的侵蚀过,造成了强烈的局部高山地貌特征。这是当地的重要特征,尤其在维斯特兰附近和库克山国家公园附近,这里有新西兰超过3 000米的29座山峰中的28座。虽然这里的盆地地形是在更新世的冰川作用下形成的,但后来却有实质性的改变,这些改变在维斯特兰南部和阿尔卑斯山南部更为易见。山区的侵蚀速度依然很快,尤其在降雨量集中的西部地区。起伏的冲沟、锯齿状的山脊、大大小小的滚石是这一地区的代表特征。菲奥德兰地区在冰川后期所经历的改造远不如阿尔卑斯山南部强烈,冰川造成的地形基本上完整地保存下来。南面的海洋侵蚀在基岩海岸上塑造了"铁染"海岸,和怪石嶙

峋的沿岸礁石和陡崖。

菲奥德兰地区的岩石主要是结晶岩，一系列的火山岩占主体地位，如花岗岩、闪长岩、变质片麻岩等。在最西南段由尚未变质的沉积岩组成，在东北部地区，菲奥德兰地区靠近一套主要年龄为二叠纪的主要呈南北走向的火山岩和沉积岩。往东，二叠纪瓦克砂岩组成的岩石过渡变化越来越大，逐渐变成片岩，这些片岩是构成阿斯匹林国家公园内的阿尔卑斯山南端的类型岩石类型。片岩带在阿尔卑斯断层的西南盘一侧平行于断层，向东北方向慢慢变窄。在库克山国家公园内片岩又逐渐恢复为二叠纪－三叠纪的瓦克砂岩，南维斯特兰包括泥盆纪瓦克砂岩

基底、高温变质岩、花岗岩、沿岸地区小范围的年轻的白垩纪和第三纪沉积岩。它们都强烈地遭受到更新世冰川的侵蚀，他们现在都变成了崎岖不平的山区和孤立的小山，上面覆盖着冰川的冲积物和泻湖填充沉积物。

这里降水充沛，雨季漫长。从沿海低地年降水量 3 000 ~ 5 000 毫米逐渐向内陆增加，向高海拔地区递增，在南阿尔卑斯山的西坡降水量超过 10 000 毫米，且多以降雪的形式出现。山区西部降水量充足，且一年四季较为恒定，东部山区降水量极少，每年只有 1 000 毫米左右。海洋对气候影响显著，尤其在西部和南部。这就形成了这里温凉适宜的气候，年温差和日温差都很小。东部地区的夏季气温比同海拔的地带要高，而冬天比同海拔的地区要寒冷得多。

植物的分布受气候控制显著，形成了一条浓缩的从热带雨林到高原牧场的垂直分布带；从北向南跨越了 3 个纬度带，形成了沼泽地、草地、灌木丛和森林群落显著的过渡特征；这里显著不同的植被类型和不同时代的地形形成了土壤类型变化序列。

ⓒ 崔钟雷 2011

图书在版编目(CIP)数据

世界遗产大记录 / 崔钟雷编. ---沈阳：万卷出版
公司，2011.11 （2019.6 重印）
（世界探索发现系列）
ISBN 978-7-5470-1787-6

Ⅰ. ①世… Ⅱ. ①崔… Ⅲ. ①名胜古迹－世界－少儿
读物②自然保护区－世界－少儿读物 Ⅳ. ①
K917-49②S759.991-49

中国版本图书馆 CIP 数据核字（2011）第 217097 号

世界探索之旅

出版发行：北方联合出版传媒（集团）股份有限公司
　　　　　万卷出版公司
　　　　　（地址：沈阳市和平区十一纬路 29 号 邮编：110003）
印 刷 者：北京一鑫印务有限责任公司
经 销 者：全国新华书店
开　　本：690mm×960mm　1/16
字　　数：100 千字
印　　张：7
出版时间：2011 年 11 月第 1 版
印刷时间：2019 年 6 月第 4 次印刷
责任编辑：丁建新
策　　划：钟雷
装帧设计：稻草人工作室
主　　编：崔钟雷
副 主 编：刘志远　黄春凯　翟羽朦
ISBN 978-7-5470-1787-6
定　　价：29.80 元

联系电话：024-23284090
邮购热线：024-23284050/23284627
传　　真：024-23284448
E－mail：vpc_tougao@163.com
网　　址：http://www.chinavpc.com